MÉMENTO PERSONNEL

DE JURISPRUDENCE.

CODE PÉNAL.

PARIS. — IMPRIMERIE ET LIBRAIRIE ADMINISTRATIVES DE PAUL DUPONT
Rue de Grenelle-Saint-Honoré, 45.

MÉMENTO PERSONNEL

DE JURISPRUDENCE

OU

RECUEIL DE CODES A NOTER

CONTENANT

LE CODE NAPOLÉON, — LE CODE DE PROCÉDURE CIVILE, — LE CODE DE COMMERCE, — LE CODE D'INSTRUCTION CRIMINELLE, — LE CODE PÉNAL.

Par M. VIDAL, ancien Avoué.

Cinquième Livraison : CODE PÉNAL.

Prix : 4 francs.

PARIS,

IMPRIMERIE ET LIBRAIRIE ADMINISTRATIVES DE PAUL DUPONT,

RUE DE GRENELLE-SAINT-HONORÉ, Nº 45.

1858-1859

CODE PÉNAL.

DISPOSITIONS PRÉLIMINAIRES.

(Loi décrétée le 12 février 1810. Promulguée le 22.)

Art. 1er. L'infraction que les lois punissent des peines de police est une *contravention*. — L'infraction que les lois punissent de peines correctionnelles est un *délit*. — L'infraction que les lois punissent d'une peine afflictive ou infamante est un *crime*.

2. « Toute tentative de *crime* qui aura été manifestée par un commencement d'exécution, si elle n'a été suspendue ou si elle n'a manqué son effet que par des circonstances indépendantes de la volonté de son auteur, est considérée comme le *crime* même. »

3. Les tentatives de *délits* ne sont considérées comme *délits* que dans les cas déterminés par une disposition spéciale de la loi.

4. Nulle contravention, nul délit, nul crime, ne peuvent être punis de peines qui n'étaient pas prononcées par la loi avant qu'ils fussent commis.

5. Les dispositions du présent Code ne s'appliquent pas aux contraventions, délits et crimes *militaires*.

EXTRAITS DES CODES ANNOTÉS DE SIREY ET AUTRES AUTEURS.

ARRÊTS ET JURISPRUDENCE DE LA COUR DE CASSATION.	ARRÊTS ET JURISPRUDENCE DE LA COUR IMPÉRIALE DU RESSORT.

JUGEMENTS ET JURISPRUDENCE DU TRIBUNAL CIVIL DU RESSORT.

OBSERVATIONS DIVERSES.

LIVRE PREMIER.

Des peines en matière criminelle et correctionnelle et de leurs effets.

(Suite de la loi du 12 février 1810.)

6. Les peines en matière criminelle sont ou afflictives et infamantes, ou seulement infamantes.

7. « Les peines afflictives et infamantes sont : — 1° La mort ; — 2° Les travaux forcés à perpétuité ; — 3° La déportation ; — 4° Les travaux forcés à temps ; — 5° La détention ; — 6° La reclusion. »

8. « Les peines infamantes sont : — 1° Le bannissement ; — 2° La dégradation civique. »

9. Les peines en matière correctionnelle sont : — 1° L'emprisonnement à temps dans un lieu de correction ; — 2° L'interdiction à temps de certains droits civiques, civils ou de famille ; — 3° L'amende.

10. La condamnation aux peines établies par la loi est toujours prononcée sans préjudice des restitutions et dommages-intérêts qui peuvent être dus aux parties.

11. Le renvoi sous la surveillance spéciale de la haute police, l'amende et la confiscation spéciale, soit du corps du délit, quand la propriété en appartient au condamné, soit des choses produites par le délit, soit de celles qui ont servi ou qui ont été destinées à le commettre, sont des peines communes aux matières criminelles et correctionnelles.

CHAP. I. — DES PEINES EN MATIÈRE CRIMINELLE.

12. Tout condamné à mort aura la tête tranchée.

13. « Le coupable condamné à mort pour parricide sera conduit sur le lieu de l'exécution, en chemise, nu-pieds, et la tête couverte d'un voile noir. — Il sera exposé sur l'échafaud pendant qu'un huissier fera au peuple lecture de l'arrêt de condamnation, et il sera immédiatement exécuté à mort. »

14. Les corps des suppliciés seront délivrés à leurs familles, si elles les réclament, à la charge par elles de les faire inhumer sans aucun appareil.

15. Les hommes condamnés aux travaux forcés seront employés aux travaux les plus pénibles : ils traîneront à leurs pieds un boulet, ou seront attachés deux à deux avec une chaîne, lorsque la nature du travail auquel ils seront employés le permettra.

16. Les femmes et les filles condamnées aux travaux forcés n'y seront employées que dans l'intérieur d'une maison de force.

17. « La peine de la déportation consistera à être transporté et à demeurer à perpétuité dans un lieu déterminé par la loi, hors du territoire continental de l'Empire. — Si le déporté rentre sur le territoire de l'Empire, il sera, sur la seule preuve de son identité, condamné aux travaux forcés à perpétuité. — Le déporté qui ne sera pas rentré sur le territoire de l'Empire, mais qui sera saisi dans des pays occupés par les armées françaises, sera conduit dans le lieu de sa déportation. — Tant qu'il n'aura pas été établi un lieu de déportation, le condamné subira à perpétuité la peine de la détention, soit dans une prison de l'Empire, soit dans une prison située hors du territoire continental, dans l'une des possession françaises, qui sera déterminée par la loi, selon que les juges l'auront expressément décidé par l'arrêt de condamnation. — Lorsque les communications seront interrompues entre la métropole et le lieu de l'exécution de la peine, l'exécution aura lieu provisoirement en France. »

18. Les condamnations aux travaux forcés à perpétuité et à la déportation emporteront la mort civile. — « Néanmoins le Gouvernement pourra accorder au condamné à la déportation l'exercice des droits civils ou de quelques-uns de ces droits. »

19. La condamnation à la peine des travaux forcés à temps sera prononcée pour cinq ans au moins, et vingt ans au plus.

20. « Quiconque aura été condamné à la détention sera renfermé dans l'une des forteresses situées sur le territoire continental de l'empire, qui auront été déterminées par un décret de l'Empereur rendu dans la forme des règlements d'administration publique. — Il communiquera avec les personnes placées dans l'intérieur du lieu de la détention ou avec celles du dehors, conformément aux règlements de police établis par un décret de l'Empereur. — La détention ne peut être prononcée pour moins de cinq ans, ni pour plus de vingt ans, sauf le cas prévu par l'article 33. »

21. Tout individu de l'un ou de l'autre sexe, condamné à la peine de la reclusion, sera renfermé dans une maison de force, et employé à des travaux dont le produit pourra être en partie appliqué à son profit, ainsi qu'il sera réglé par le Gouvernement. — La durée de cette peine sera au moins de cinq années, et de dix ans au plus.

22. « Quiconque aura été condamné à l'une des peines des travaux forcés à perpétuité, des travaux forcés à temps ou de la reclusion, avant de subir sa peine, demeurera durant une heure exposé aux regards du peuple sur la place publique. Au-dessus de sa tête sera placé un écriteau portant, en caractères gros et lisibles, ses noms, sa profession, son domicile, sa peine et la cause de sa condamnation. — En cas de condamnation aux travaux forcés à temps ou à la reclu-

<table>
<tr><td>ARRÊTS ET JURISPRUDENCE DE LA COUR
DE CASSATION.</td><td>ARRÊTS ET JURISPRUDENCE DE LA COUR IMPÉRIALE
DU RESSORT.</td></tr>
</table>

JUGEMENTS ET JURISPRUDENCE DU TRIBUNAL CIVIL DU RESSORT.

OBSERVATIONS DIVERSES.

sion, la cour d'assises pourra ordonner par son arrêt que le condamné, s'il n'est pas en état de récidive, ne subira pas l'exposition publique. — Néanmoins, l'exposition publique ne sera jamais prononcée à l'égard des mineurs de dix-huit ans et des septuagénaires. »

23. « La durée des peines temporaires comptera du jour où la condamnation sera devenue irrévocable. »

24. « Néanmoins, à l'égard des condamnations à l'emprisonnement prononcées contre les individus en état de détention préalable, la durée de la peine, si le condamné ne s'est pas pourvu, comptera du jour du jugement ou de l'arrêt, nonobstant l'appel ou le pourvoi du ministère public, et quel que soit le résultat de cet appel ou de ce pourvoi.—Il en sera de même dans les cas où la peine aura été réduite, sur l'appel ou le pourvoi du condamné. »

25. Aucune condamnation ne pourra être exécutée les jours de fêtes nationales ou religieuses, ni les dimanches.

26. L'exécution se fera sur l'une des places publiques du lieu qui sera indiqué par l'arrêt de condamnation.

27. Si une femme condamnée à mort se déclare et s'il est vérifié qu'elle est enceinte, elle ne subira la peine qu'après sa délivrance.

28. « La condamnation à la peine des travaux forcés à temps, de la détention, de la reclusion ou du bannissement, emportera la dégradation civique. La dégradation civique sera encourue du jour où la condamnation sera devenue irrévocable, et, en cas de condamnation par coutumace, du jour de l'exécution par effigie. »

29. « Quiconque aura été condamné à la peine des travaux forcés à temps, de la détention ou de la reclusion, sera, de plus, pendant la durée de sa peine, en état d'interdiction légale ; il lui sera nommé un tuteur et un subrogé-tuteur pour gérer et administrer ses biens, dans les formes prescrites pour les nominations des tuteurs et subrogés-tuteurs aux interdits. »

30. « Les biens du condamné lui seront remis après qu'il aura subi sa peine, et le tuteur lui rendra compte de son administration. »

31. Pendant la durée de la peine, il ne pourra lui être remis aucune somme, aucune provision, aucune portion de ses revenus.

32. Quiconque aura été condamné au bannissement sera transporté, par ordre du Gouvernement, hors du territoire de l'Empire —La durée du bannissement sera au moins de cinq années, et de dix ans au plus.

33. « Si le banni, avant l'expiration de sa peine, rentre sur le territoire de l'Empire, il sera, sur la seule preuve de son identité, condamné à la détention pour un temps au moins égal à celui qui restait à courir jusqu'à l'expiration du bannissement, et qui ne pourra excéder le double de ce temps. »

34. « La dégradation civique consiste : — 1° Dans la destitution et l'exclusion des condamnés de toutes fonctions, emplois ou offices publics ; — 2° Dans la privation du droit de vote, d'élection, d'éligibilité, et en général de tous les droits civiques et politiques, et du droit de porter aucune décoration ; — 3° Dans l'incapacité d'être juré-expert, d'être employé comme témoin dans des actes, et de déposer en justice autrement que pour y donner de simples renseignements ; — 4° Dans l'incapacité de faire partie d'aucun conseil de famille, et d'être tuteur, curateur, subrogé-tuteur ou conseil judiciaire, si ce n'est de ses propres enfants, et sur l'avis conforme de la famille ; — 5° Dans la privation du droit de port d'armes, du droit de faire partie de la garde nationale, de servir dans les armées françaises, de tenir école, ou d'enseigner et d'être employé dans aucun établissement d'instruction, à titre de professeur, maître ou surveillant. »

35. « Toutes les fois que la dégradation civique sera prononcée comme peine principale, elle pourra être accompagnée d'un emprisonnement dont la durée, fixée par l'arrêt de condamnation, n'excédera pas cinq ans. —Si le coupable est un étranger ou un Français ayant perdu la qualité de citoyen, la peine de l'emprisonnement devra toujours être prononcée. »

36. « Tous arrêts qui porteront la peine de mort, des travaux forcés à perpétuité et à temps, la déportation, la détention, la reclusion, la dégradation civique et le bannissement, seront imprimés par extrait. — Ils seront affichés dans la ville centrale du département, dans celle où l'arrêt aura été rendu, dans la commune du lieu où le délit aura été commis, dans celle où se fera l'exécution, et dans celle du domicile du condamné. »

37, 38 et **39.** *Abrogés par la loi du 28 avril 1832.*

CHAP. II. — DES PEINES EN MATIÈRE CORRECTIONNELLE.

40. Quiconque aura été condamné à la peine d'emprisonnement sera renfermé dans une maison de correction : il y sera employé à l'un des travaux établis dans cette maison, selon son choix. — La durée de cette peine sera au moins de six jours, et de cinq années au plus ; sauf les cas de récidive ou autres où la loi aura déterminé d'autres limites. — La peine à un jour d'emprisonnement est de vingt-quatre heures : — Celle à un mois est de trente jours.

41. Les produits du travail de chaque détenu pour délit correctionnel seront appliqués, partie aux dépenses communes de la maison, partie à lui procurer quelques adoucissements, s'il les mérite, partie à former pour lui, au temps de sa sortie, un fonds de réserve ; le tout ainsi qu'il sera ordonné par des règlements d'administration publique.

42. Les tribunaux jugeant correctionnellement pourront, dans certains cas, interdire, en tout ou en partie, l'exercice des droits civiques, civils et de famille suivants : — 1° De vote et d'élection ; — 2° D'éligibilité ; — 3° D'être appelé ou nommé aux fonctions de juré ou autres fonctions publiques, ou aux emplois de l'administration, ou d'exercer ces fonctions ou emplois ; — 4° Du port d'armes ; — 5° De vote et de suffrage dans les délibérations de famille ; — 6° D'être tuteur, curateur, si ce n'est de ses enfants et sur l'avis seulement de la famille ; — 7° D'être expert ou employé comme témoin dans les actes ; — 8° De témoignage en justice, autrement que pour y faire de simples déclarations.

43. Les tribunaux ne prononceront l'interdiction mentionnée dans l'article précédent, que lorsqu'elle aura été autorisée ou ordonnée par une disposition particulière de la loi.

CHAP. III. — DES PEINES ET DES AUTRES CONDAMNATIONS QUI PEUVENT ÊTRE PRONONCÉES POUR CRIMES OU DÉLITS.

44. « L'effet du renvoi sous la surveillance de la haute police sera de donner au Gouverne-

<table>
<tr><td>ARRÊTS ET JURISPRUDENCE DE LA COUR
DE CASSATION.</td><td>ARRÊTS ET JURISPRUDENCE DE LA COUR IMPÉRIALE
DU RESSORT.</td></tr>
</table>

JUGEMENTS ET JURISPRUDENCE DU TRIBUNAL CIVIL DU RESSORT.

OBSERVATIONS DIVERSES.

ment le droit de déterminer certains lieux dans lesquels il sera interdit au condamné de paraître après qu'il aura subi sa peine. En outre, le condamné devra déclarer, avant sa mise en liberté, le lieu où il veut fixer sa résidence; il recevra une feuille de route réglant l'itinéraire dont il ne pourra s'écarter, et la durée de son séjour dans chaque lieu de passage. Il sera tenu de se présenter, dans les vingt-quatre heures de son arrivée, devant le maire de la commune; il ne pourra changer de résidence sans avoir indiqué, trois jours à l'avance, à ce fonctionnaire, le lieu où il se propose d'aller habiter, et sans avoir reçu de lui une nouvelle feuille de route. »

45. « En cas de désobéissance aux dispositions prescrites par l'article précédent, l'individu mis sous la surveillance de la haute police sera condamné, par les tribunaux correctionnels, à un emprisonnement qui ne pourra excéder cinq ans. »

46. *Abrogé par la loi du 28 avril 1832.*

47. « Les coupables condamnés aux travaux forcés à temps, à la détention et à la reclusion, seront, de plein droit, après qu'ils auront subi leur peine, et pendant toute la vie, sous la surveillance de la haute police. »

48. Les coupables condamnés au bannissement seront, de plein droit, sous la même surveillance pendant un temps égal à la durée de la peine qu'ils auront subie.

49. Devront être renvoyés sous la même surveillance ceux qui auront été condamnés pour crimes ou délits qui intéressent la sûreté intérieure ou extérieure de l'Etat.

50. Hors les cas déterminés par les articles précédents, les condamnés ne seront placés sous la surveillance de la haute police de l'Etat que dans le cas où une disposition particulière de la loi l'aura permis.

51. « Quand il y aura lieu à restitution, le coupable pourra être condamné, en outre, envers la partie lésée, si elle le requiert, à des indemnités dont la détermination est laissée à la justice de la cour ou du tribunal, lorsque la loi ne les aura pas réglées, sans que la cour ou le tribunal puisse, du consentement même de ladite partie, en prononcer l'application à une œuvre quelconque. »

52. L'exécution des condamnations à l'amende, aux restitutions, aux dommages-intérêts et aux frais, pourra être poursuivie par la voie de la contrainte par corps.

53. Lorsque des amendes et des frais seront prononcés au profit de l'Etat, si, après l'expiration de la peine afflictive ou infamante, l'emprisonnement du condamné, pour l'acquit de ces condamnations pécuniaires, a duré une année complète, il pourra, sur la preuve acquise par les voies de droit, de son absolue insolvabilité, obtenir sa liberté provisoire. — La durée de l'emprisonnement sera réduite à six mois s'il s'agit d'un délit; sauf, dans tous les cas, à reprendre la contrainte par corps, s'il survient au condamné quelque moyen de solvabilité.

54. En cas de concurrence de l'amende avec les restitutions et les dommages-intérêts, sur les biens insuffisants du condamné, ces dernières condamnations obtiendront la préférence.

55. Tous les individus condamnés pour un même crime ou pour un même délit seront tenus solidairement des amendes, des restitutions, des dommages-intérêts et des frais.

CHAP. IV. — DES PEINES DE LA RÉCIDIVE POUR CRIMES ET DÉLITS.

56. « Quiconque, ayant été condamné à une peine afflictive ou infamante, aura commis un second crime emportant, comme peine principale, la dégradation civique, sera condamné à la peine du bannissement. — Si le second crime emporte la peine du bannissement, il sera condamné à la peine de la détention. — Si le second crime emporte la peine de la reclusion, il sera condamné à la peine des travaux forcés à temps. — Si le second crime emporte la peine de la détention, il sera condamné au *maximum* de la même peine, laquelle pourra être élevée jusqu'au double. — Si le second crime emporte la peine des travaux forcés à temps, il sera condamné au *maximum* de la même peine, laquelle pourra être élevée jusqu'au double. — Si le second crime emporte la peine de la déportation, il sera condamné aux travaux forcés à perpétuité. — Quiconque, ayant été condamné aux travaux forcés à perpétuité, aura commis un second crime emportant la même peine, sera condamné à la peine de mort. — Toutefois, l'individu condamné par un tribunal militaire ou maritime ne sera, en cas de crime ou délit postérieur, passible des peines de la récidive, qu'autant que la première condamnation aurait été prononcée pour des crimes ou délits punissables d'après les lois pénales ordinaires. »

57. Quiconque ayant été condamné pour un crime aura commis un délit de nature à être puni correctionnellement, sera condamné au *maximum* de la peine portée par la loi, et cette peine pourra être élevée jusqu'au double.

58. Les coupables condamnés correctionnellement à un emprisonnement de plus d'une année seront aussi, en cas de nouveau délit, condamnés au *maximum* de la peine portée par la loi, et cette peine pourra être élevée jusqu'au double : ils seront de plus mis sous la surveillance spéciale du Gouvernement pendant au moins cinq années, et dix ans au plus.

EXTRAITS DES CODES ANNOTÉS DE SIREY ET AUTRES AUTEURS.

ARRÊTS ET JURISPRUDENCE DE LA COUR DE CASSATION.	ARRÊTS ET JURISPRUDENCE DE LA COUR IMPÉRIALE DU RESSORT.

JUGEMENTS ET JURISPRUDENCE DU TRIBUNAL CIVIL DU RESSORT.

OBSERVATIONS DIVERSES.

ARRÊTS ET JURISPRUDENCE DE LA COUR DE CASSATION.	ARRÊTS ET JURISPRUDENCE DE LA COUR IMPÉRIALE DU RESSORT.

LIVRE DEUXIÈME.

Des personnes punissables, excusables ou responsables, pour crimes ou pour délits.

(Loi décrétée le 13 février 1810. Promulguée le 23.)

CHAPITRE UNIQUE.

59. Les complices d'un crime ou d'un délit seront punis de la même peine que les auteurs mêmes de ce crime ou de ce délit, sauf les cas où la loi en aurait disposé autrement.

60. Seront punis comme complices d'une action qualifiée crime ou délit, ceux qui, par dons, promesses, menaces, abus d'autorité ou de pouvoir, machinations ou artifices coupables, auront provoqué à cette action, ou donné des instructions pour la commettre.—Ceux qui auront procuré des armes, des instruments, ou tout autre moyen qui aura servi à l'action, sachant qu'ils devaient y servir. — Ceux qui auront, avec connaissance, aidé ou assisté l'auteur ou les auteurs de l'action, dans les faits qui l'auront préparée ou facilitée, ou dans ceux qui l'auront consommée, sans préjudice des peines qui seront spécialement portées par le présent Code contre les auteurs de complots ou de provocations attentatoires à la sûreté intérieure ou extérieure de l'État, même dans le cas où le crime qui était l'objet des conspirateurs ou des provocateurs n'aurait pas été commis.

61. Ceux qui, connaissant la conduite criminelle des malfaiteurs exerçant des brigandages ou des violences contre la sûreté de l'État, la paix publique, les personnes ou les propriétés, leur fournissent habituellement logement, lieu de retraite ou de réunion, seront punis comme leurs complices.

62. Ceux qui sciemment auront recélé, en tout ou en partie, des choses enlevées, détournées ou obtenues à l'aide d'un crime ou d'un délit, seront aussi punis comme complices de ce crime ou délit.

63. « Néanmoins, la peine de mort, lorsqu'elle sera applicable aux auteurs des crimes, sera remplacée, à l'égard des recéleurs, par celle des travaux forcés à perpétuité. — Dans tous les cas, les peines des travaux forcés à perpétuité ou de la déportation, lorsqu'il y aura lieu, ne pourront être prononcées contre les recéleurs, qu'autant qu'ils seront convaincus d'avoir eu, au temps du recélé, connaissance des circonstances auxquelles la loi attache les peines de mort, des travaux forcés à perpétuité et de la déportation ; sinon ils ne subiront que la peine des travaux forcés à temps. »

64. Il n'y a ni crime ni délit, lorsque le prévenu était en état de démence au temps de l'action, ou lorsqu'il a été contraint par une force à laquelle il n'a pu résister.

65. Nul crime ou délit ne peut être excusé, ni la peine mitigée, que dans les cas et dans les circonstances où la loi déclare le fait excusable, ou permet de lui appliquer une peine moins rigoureuse.

66. Lorsque l'accusé aura moins de seize ans, s'il est décidé qu'il a agi *sans discernement*, il sera acquitté; mais il sera, selon les circonstances, remis à ses parents, ou conduit dans une maison de correction, pour y être élevé et détenu pendant tel nombre d'années que le jugement déterminera, et qui toutefois ne pourra excéder l'époque où il aura accompli sa vingtième année.

67. « S'il est décidé qu'il a agi *avec discernement*, les peines seront prononcées ainsi qu'il suit : S'il a encouru la peine de mort, des travaux forcés à perpétuité, de la déportation, il sera condamné à la peine de dix à vingt ans d'emprisonnement dans une maison de correction. — S'il a encouru la peine des travaux forcés à temps, de la détention ou de la réclusion, il sera condamné à être renfermé dans une maison de correction, pour un temps égal au tiers au moins et à la moitié au plus de celui pour lequel il aurait pu être condamné à l'une de ces peines. — Dans tous les cas, il pourra être mis, par l'arrêt ou jugement, sous la surveillance de la haute police pendant cinq ans au moins et dix ans au plus. — S'il a encouru la peine de la dé-

ARRÊTS ET JURISPRUDENCE DE LA COUR DE CASSATION.	ARRÊTS ET JURISPRUDENCE DE LA COUR IMPÉRIALE DU RESSORT.

JUGEMENTS ET JURISPRUDENCE DU TRIBUNAL CIVIL DU RESSORT.

OBSERVATIONS DIVERSES.

gradation civique ou du bannissement, il sera condamné à être enfermé, d'un an à cinq ans, dans une maison de correction. »

68. L'individu, âgé de moins de seize ans, qui n'aura pas de complices présents au-dessus de cet âge, et qui sera prévenu de crimes autres que ceux que la loi punit de la peine de mort, de celle des travaux forcés à perpétuité, de la peine de la déportation ou de celle de la détention, sera jugé par les tribunaux correctionnels, qui se conformeront aux deux articles ci-dessus.

69. « Dans tous les cas où le mineur de seize ans n'aura commis qu'un simple délit, la peine qui sera prononcée contre lui ne pourra s'élever au-dessus de la moitié de celle à laquelle il aurait pu être condamné s'il avait eu seize ans. »

70. Les peines des travaux forcés à perpétuité, de la déportation et des travaux forcés à temps, ne seront prononcées contre aucun individu âgé de soixante-dix ans accomplis au moment du jugement.

71. « Ces peines seront remplacées, à leur égard, savoir : celle de la déportation, par la détention à perpétuité; et les autres, par celle de la reclusion, soit à perpétuité, soit à temps, selon la durée de la peine qu'elle remplacera. »

72. Tout condamné à la peine des travaux forcés à perpétuité ou à temps, dès qu'il aura atteint l'âge de soixante-dix ans accomplis, en sera relevé, et sera renfermé dans la maison de force pour tout le temps à expirer de sa peine, comme s'il n'eût été condamné qu'à la reclusion.

73. Les aubergistes et hôteliers convaincus d'avoir logé, plus de vingt-quatre heures, quelqu'un qui, pendant son séjour, aurait commis un crime ou un délit, seront civilement responsables des restitutions, des indemnités et des frais adjugés à ceux à qui ce crime ou ce délit aurait causé quelque dommage, faute par eux d'avoir inscrit sur leur registre le nom, la profession et le domicile du coupable; sans préjudice de leur responsabilité dans le cas des articles 1952 et 1953 du Code Napoléon.

74. Dans les autres cas de responsabilté civile qui pourront se présenter dans les affaires criminelles, correctionnelles ou de police, les cours et les tribunaux devant qui ces affaires seront portées se conformeront aux dispositions du Code Napoléon, livre III, titre IV, chapitre II (art. 1382 à 1386).

EXTRAITS DES CODES ANNOTÉS DE SIREY ET AUTRES AUTEURS.

ARRÊTS ET JURISPRUDENCE DE LA COUR DE CASSATION.	ARRÊTS ET JURISPRUDENCE DE LA COUR IMPÉRIALE DU RESSORT.

JUGEMENTS ET JURISPRUDENCE DU TRIBUNAL CIVIL DU RESSORT.

OBSERVATIONS DIVERSES.

LIVRE TROISIÈME.

Des crimes, des délits et de leur punition.

TITRE PREMIER.

CRIMES ET DÉLITS CONTRE LA CHOSE PUBLIQUE.

(Chap. I—II. Loi décrétée le 15 février 1810. Promulguée le 25.)

(Chap. III. Loi décrétée le 16. Promulguée le 26.)

CHAP. I. — CRIMES ET DÉLITS CONTRE LA SURETÉ DE L'ÉTAT.

SECT. I. — *Des crimes et délits contre la sûreté extérieure de l'Etat.*

75. Tout Français qui aura porté les armes contre la France sera puni de mort.

76. Quiconque aura pratiqué des machinations ou entretenu des intelligences avec les puissances étrangères ou leurs agents, pour les engager à commettre des hostilités ou à entreprendre la guerre contre la France ou pour leur en procurer les moyens, sera puni de mort. — Cette disposition aura lieu dans le cas même où lesdites machinations ou intelligences n'auraient pas été suivies d'hostilités.

77. Sera également puni de mort, quiconque aura pratiqué des manœuvres ou entretenu des intelligences avec les ennemis de l'Etat, à l'effet de faciliter leur entrée sur le territoire et dépendances de l'empire, ou de leur livrer des villes, forteresses, places, postes, ports, magasins, arsenaux, vaisseaux ou bâtiments appartenant à la France, ou de fournir aux ennemis des secours en soldats, hommes, argent, vivres, armes ou munitions, ou de seconder les progrès de leurs armes sur les possessions ou contre les forces françaises de terre ou de mer, soit en ébranlant la fidélité des officiers, soldats, matelots ou autres, envers l'Empereur et l'Etat, soit de toute autre manière.

78. « Si la correspondance avec les sujets d'une puissance ennemie, sans avoir pour objet l'un des crimes énoncés en l'article précédent, a néanmoins eu pour résultat de fournir aux ennemis des instructions nuisibles à la situation militaire ou politique de la France ou de ses alliés, ceux qui auront entretenu cette correspondance seront punis de la détention, sans préjudice de plus forte peine, dans le cas où ces instructions auraient été la suite d'un concert constituant un fait d'espionnage. »

79. Les peines exprimées aux articles 76 et 77 seront les mêmes, soit que les machinations ou manœuvres énoncées en ces articles aient été commises envers la France, soit qu'elles l'aient été envers les alliés de la France, agissant contre l'ennemi commun.

80. Sera puni des peines exprimées en l'article 76, tout fonctionnaire public, tout agent du gouvernement, ou toute autre personne qui, chargé ou instruite officiellement ou à raison de son état, du secret d'une négociation ou d'une expédition, l'aura livré aux agents d'une puissance étrangère ou de l'ennemi.

81. « Tout fonctionaire public, tout agent, tout préposé du gouvernement, chargé, à raison de ses fonctions, du dépôt des plans de fortifications, arsenaux, ports ou rades, qui aura livré ces plans ou l'un de ces plans à l'ennemi ou aux agents de l'ennemi, sera puni de mort. — Il sera puni de la détention, s'il a livré ces plans aux agents d'une puissance étrangère neutre ou alliée. »

82. Toute autre personne qui, étant parvenue, par corruption, fraude ou violence, à soustraire lesdits plans, les aura livrés ou à l'ennemi ou aux agents d'une puissance étrangère, sera punie comme le fonctionnaire ou agent mentionné dans l'article précédent, et selon les distinctions qui y sont établies. — Si lesdits plans se trouvaient, sans le préalable emploi de mauvaises voies, entre les mains de la personne qui les a livrés, la peine sera, au premier cas mentionné dans l'article 81, la déportation. — Et au second cas du même article, un emprisonnement de deux à cinq ans.

83. Quiconque aura recélé ou aura fait recéler les espions ou les soldats ennemis envoyés à la découverte, et qu'il aura connus pour tels, sera condamné à la peine de mort.

84. Quiconque aura, par des actions hostiles non approuvées par le Gouvernement, exposé l'Etat à une déclaration de guerre, sera puni du bannissement; et si la guerre s'en est suivie, de la déportation.

85. Quiconque aura, par des actes non approuvés par le Gouvernement, exposé des Français à éprouver des représailles, sera puni du bannissement.

SECT. II. — *Des crimes contre la sûreté intérieure de l'Etat.*

§ 1. — Des attentats et complots dirigés contre l'Empereur et sa famille.

86. « L'attentat contre la vie ou contre la personne de l'Empereur est puni de la peine du parricide. — L'attentat contre la vie des membres de la famille impériale est puni de la peine de mort. — L'attentat contre la personne des membres de la famille impériale est puni de la peine de la déportation dans une enceinte fortifiée. — Toute offense commise publiquement envers la personne de l'Empereur est punie d'un emprisonnement de six mois à cinq ans et d'une amende de cinq cents francs à dix mille francs. Le coupable peut, en outre, être interdit de tout ou

ARRÊTS ET JURISPRUDENCE DE LA COUR DE CASSATION.	ARRÊTS ET JURISPRUDENCE DE LA COUR IMPÉRIALE DU RESSORT.

JUGEMENTS ET JURISPRUDENCE DU TRIBUNAL CIVIL DU RESSORT.

OBSERVATIONS DIVERSES.

partie des droits mentionnés en l'art. 42 pendant un temps égal à celui de l'emprisonnement auquel il a été condamné. Ce temps court à compter du jour où il a subi sa peine. — Toute offense commise publiquement envers les membres de la famille impériale est punie d'un emprisonnement d'un mois à trois ans et d'une amende de cent francs à cinq mille francs. »

87. « L'attentat dont le but est, soit de détruire ou de changer le Gouvernement ou l'ordre de successibilité au trône, soit d'exciter les citoyens ou habitants contre l'autorité impériale, est puni de la peine de la déportation dans une enceinte fortifiée. »

88. « L'exécution ou la tentative constitueront seules l'attentat. »

89. « Le complot ayant pour but les crimes mentionnés aux articles 86 et 87, s'il a été suivi d'un acte commis ou commencé pour en préparer l'exécution, sera puni de la déportation. — S'il n'a été suivi d'aucun acte commis ou commencé pour en préparer l'exécution, la peine sera celle de la détention. — Il y a complot dès que la résolution d'agir est concertée et arrêtée entre deux ou plusieurs personnes. — S'il y a eu proposition faite et non agréée de former un complot pour arriver aux crimes mentionnés dans les articles 86 et 87, celui qui aura fait une telle proposition sera puni d'un emprisonnement d'un an à cinq ans. Le coupable pourra, de plus, être interdit, en tout ou en partie, des droits mentionnés en l'article 42. »

90. « Lorsqu'un individu aura formé seul la résolution de commettre l'un des crimes prévus par l'article 86, et qu'un acte pour en préparer l'exécution aura été commis ou commencé par lui seul et sans assistance, la peine sera celle de la détention. »

§ 2. — **Des crimes tendant à troubler l'État par la guerre civile, l'illégal emploi de la force armée, la dévastation et le pillage publics.**

91. « L'attentat dont le but sera, soit d'exciter la guerre civile en armant ou en portant les citoyens ou habitants à s'armer les uns contre les autres, soit de porter la dévastation, le massacre et le pillage dans une ou plusieurs communes, sera puni de mort. — Le complot ayant pour but l'un des crimes prévus au présent article, et la proposition de former ce complot, seront punis des peines portées en l'article 89, suivant les distinctions qui y sont établies. »

92. Seront punis de mort ceux qui auront levé ou fait lever des troupes armées, engagé ou enrôlé, fait engager ou enrôler des soldats, ou leur auront fourni ou procuré des armes ou munitions, sans ordre ou autorisation du pouvoir légitime.

93. Ceux qui, sans droit ou motif légitime, auront pris le commandement d'un corps d'armée, d'une troupe, d'une flotte, d'une escadre, d'un bâtiment de guerre, d'une place forte, d'un poste, d'un port, d'une ville; — Ceux qui auront retenu, contre l'ordre du Gouvernement, un commandement militaire quelconque; — Les commandants qui auront tenu leur armée ou troupe rassemblée, après que le licenciement ou la séparation en auront été ordonnés, — Seront punis de la peine de mort.

94. Toute personne qui, pouvant disposer de la force publique, en aura requis ou ordonné, fait requérir ou ordonner l'action ou l'emploi contre la levée des gens de guerre légalement établie, sera punie de la déportation. — Si cette réquisition ou cet ordre ont été suivis de leur effet, le coupable sera puni de mort.

95. Tout individu qui aura incendié ou détruit, par l'explosion d'une mine, des édifices, magasins, arsenaux, vaisseaux, ou autres propriétés appartenant à l'État, sera puni de mort.

96. Quiconque, soit pour envahir des domaines, propriétés ou deniers publics, places, villes, forteresses, postes, magasins, arsenaux, ports, vaisseaux ou bâtiments appartenant à l'État, soit pour piller ou partager des propriétés publiques ou nationales, ou celles d'une généralité de citoyens, soit enfin pour faire attaque ou résistance envers la force publique agissant contre les auteurs de ces crimes, se sera mis à la tête de bandes armées, ou y aura exercé une fonction ou commandement quelconque, sera puni de mort. — Les mêmes peines seront appliquées à ceux qui auront dirigé l'association, levé ou fait lever, organisé ou fait organiser les bandes, ou leur auront, sciemment ou volontairement, fourni ou procuré des armes, munitions et instruments de crimes, ou envoyé des convois de subsistances, ou qui auront de toute autre manière pratiqué des intelligences avec les directeurs ou commandants des bandes.

97. Dans le cas où l'un ou plusieurs des crimes mentionnés aux articles 86, 87 et 91, auront été exécutés ou simplement tentés par une bande, la peine de mort sera appliquée, sans distinction de grades, à tous les individus faisant partie de la bande et qui auront été saisis sur le lieu de la réunion séditieuse. — Sera puni des mêmes peines, quoique non saisi sur le lieu, quiconque aura dirigé la sédition, ou aura exercé dans la bande un emploi ou commandement quelconque.

98. Hors le cas où la réunion séditieuse aurait eu pour objet ou résultat l'un ou plusieurs des crimes énoncés aux articles 86, 87 et 91, les individus faisant partie des bandes dont il est parlé ci-dessus, sans y exercer aucun commandement ni emploi, et qui auront été saisis sur les lieux, seront punis de la déportation.

99. Ceux qui, connaissant le but et le caractère desdites bandes, leur auront, sans contrainte, fourni des logements, lieux de retraite ou de réunion, seront condamnés à la peine des travaux forcés à temps.

100. Il ne sera prononcé aucune peine, pour le fait de sédition, contre ceux qui, ayant fait partie de ces bandes sans y exercer aucun commandement et sans y remplir aucun emploi ni fonctions, se seront retirés au premier avertissement des autorités civiles ou militaires, ou même depuis, lorsqu'ils n'auront été saisis que hors des lieux de la réunion séditieuse, sans opposer de résistance et sans armes. — Ils ne seront punis, dans ces cas, que des crimes particuliers qu'ils auraient personnellement commis; et néanmoins ils pourront être renvoyés, pour cinq ans ou au plus jusqu'à dix, sous la surveillance spéciale de la haute police.

101. Sont compris dans le mot *armes*, toutes machines, tous instruments ou ustensiles tranchants, perçants ou contondants. — Les couteaux et ciseaux de poche, les cannes simples, ne seront réputés armes qu'autant qu'il en aura été fait usage pour tuer, blesser ou frapper.

Disposition commune aux deux paragraphes de la présente section.

102. *Abrogé par la loi du 17 mai 1819.*

EXTRAITS DES CODES ANNOTÉS DE SIREY ET AUTRES AUTEURS.

ARRÊTS ET JURISPRUDENCE DE LA COUR DE CASSATION.	ARRÊTS ET JURISPRUDENCE DE LA COUR IMPÉRIALE DU RESSORT.

JUGEMENTS ET JURISPRUDENCE DU TRIBUNAL CIVIL DU RESSORT.

OBSERVATIONS DIVERSES.

103 à 107. *Abrogés par la loi du 28 avril
1832.*

108. « Seront exemptés des peines prononcées contre les auteurs de complots ou d'autres crimes attentatoires à la sûreté intérieure ou extérieure de l'État, ceux des coupables qui, avant toute exécution ou tentative de ces complots ou de ces crimes, et avant toutes poursuites commencées, auront les premiers donné au Gouvernement, ou aux autorités administratives ou de police judiciaire, connaissance de ces complots ou crimes, et de leurs auteurs ou complices, ou qui, même depuis le commencement des poursuites, auront procuré l'arrestation desdits auteurs ou complices.—Les coupables qui auront donné ces connaissances ou procuré ces arrestations pourront, néanmoins, être condamnés à rester pour la vie ou à temps sous la surveillance de la haute police. »

CHAP. II. — CRIMES ET DÉLITS CONTRE LA CONSTITUTION.

SECT. I. — *Des crimes et délits relatifs à l'exercice des droits civiques.*

109. Lorsque, par attroupement, voies de fait ou menaces, on aura empêché un ou plusieurs citoyens d'exercer leurs droits civiques, chacun des coupables sera puni d'un emprisonnement de six mois au moins et de deux ans au plus, et de l'interdiction du droit de voter et d'être éligible pendant cinq ans au moins et dix ans au plus.

110. Si ce crime a été commis par suite d'un plan concerté pour être exécuté soit dans tout le royaume, soit dans un ou plusieurs départements, soit dans un ou plusieurs arrondissements communaux, la peine sera le bannissement.

111. « Tout citoyen qui, étant chargé, dans un scrutin, du dépouillement des billets contenant les suffrages des citoyens, sera surpris falsifiant ces billets, ou en soustrayant de la masse, ou y en ajoutant, ou inscrivant sur les billets des votants non lettrés des noms autres que ceux qui lui auraient été déclarés, sera puni de la peine de la dégradation civique. »

112. Toutes autres personnes coupables des faits énoncés dans l'article précédent seront punies d'un emprisonnement de six mois au moins et de deux ans au plus, et de l'interdiction du droit de voter et d'être éligible, pendant cinq ans au moins et dix ans au plus.

113. Tout citoyen qui aura, dans les élections, acheté ou vendu un suffrage à un prix quelconque, sera puni d'interdiction des droits de citoyen et de toute fonction ou emploi public, pendant cinq ans au moins et dix ans au plus.—Seront, en outre, le vendeur et l'acheteur du suffrage, condamnés chacun à une amende double de la valeur des choses reçues ou promises.

SECT. II. — *Attentats à la liberté.*

114. Lorsqu'un fonctionnaire public, un agent ou un préposé du Gouvernement, aura ordonné ou fait quelque acte arbitraire, ou attentatoire, soit à la liberté individuelle, soit aux droits civiques d'un ou de plusieurs citoyens, soit à la Constitution, il sera condamné à la peine de la dégradation civique. — Si, néanmoins, il justifie qu'il a agi par ordre de ses supérieurs pour des objets du ressort de ceux-ci, sur lesquels il leur était dû obéissance hiérarchique, il sera exempt de la peine, laquelle sera, dans ce cas, appliquée seulement aux supérieurs qui auront donné l'ordre.

115. Si c'est un ministre qui a ordonné ou fait les actes ou l'un des actes mentionnés en l'article précédent, et si, après les invitations mentionnées dans les articles 63 et 67 du sénatus-consulte du 28 floréal an XII, il a refusé ou négligé de faire réparer ces actes dans les délais fixés par ledit acte, il sera puni du bannissement.

116. Si les ministres prévenus d'avoir ordonné ou autorisé l'acte contraire à la constitution prétendent que la signature à eux imputée leur a été surprise, ils seront tenus, en faisant cesser l'acte, de dénoncer celui qu'ils déclareront auteur de la surprise, sinon ils seront poursuivis personnellement.

117. Les dommages-intérêts qui pourraient être prononcés à raison des attentats exprimés dans l'article 114 seront demandés, soit sur la poursuite criminelle, soit par la voie civile, et seront réglés, eu égard aux personnes, aux circonstances et au préjudice souffert, sans qu'en aucun cas, et quel que soit l'individu lésé, lesdits dommages-intérêts puissent être au-dessous de vingt-cinq francs pour chaque jour de détention illégale et arbitraire et pour chaque individu.

118. Si l'acte contraire à la Constitution a été fait d'après une fausse signature du nom d'un ministre ou d'un fonctionnaire public, les auteurs du faux et ceux qui en auront sciemment fait usage seront punis des travaux forcés à temps, dont le *maximum* sera toujours appliqué dans ce cas.

119. Les fonctionnaires publics chargés de la police administrative ou judiciaire, qui auront refusé ou négligé de déférer à une réclamation légale tendant à constater les détentions illégales et arbitraires, soit dans les maisons destinées à la garde des détenus, soit partout ailleurs, et qui ne justifieront pas les avoir dénoncées à l'autorité supérieure, seront punis de la dégradation civique, et tenus des dommages-intérêts, lesquels seront réglés comme il est dit dans l'article 117.

120. Les gardiens et concierges des maisons de dépôt, d'arrêt, de justice ou de peine, qui auront reçu un prisonnier sans jugement, ou sans ordre provisoire du Gouvernement; ceux qui l'auront retenu, ou auront refusé de le représenter à l'officier de police ou au porteur de ses ordres, sans justifier de la défense du procureur impérial ou du juge; ceux qui auront refusé d'exhiber leurs registres à l'officier de police, seront, comme coupables de détention arbitraire, punis de six mois à deux ans d'emprisonnement, et d'une amende de seize francs à deux cents francs.

121. Seront, comme coupables de forfaiture, punis de la dégradation civique, tout officier de police judiciaire, tous procureurs généraux ou impériaux, tous substituts, tous juges, qui auront provoqué, donné ou signé un jugement, une ordonnance ou un mandat tendant à la poursuite personnelle ou accusation, soit d'un ministre, soit d'un membre du Sénat, du Corps législatif ou du conseil d'État, sans les autorisations prescrites par les lois de l'État; ou qui, hors les cas de flagrant délit ou de clameur publique, auront, sans les mêmes autorisations, donné ou signé l'ordre ou le mandat de saisir ou arrêter un ou plusieurs ministres, ou membres du Sénat, du Corps législatif ou du conseil d'État.

122. Seront aussi punis de la dégradation civique les procureurs généraux ou impériaux,

EXTRAITS DES CODES ANNOTÉS DE SIREY ET AUTRES AUTEURS.

<table>
<tr><td>ARRÈTS ET JURISPRUDENCE DE LA COUR
DE CASSATION.</td><td>ARRÈTS ET JURISPRUDENCE DE LA COUR IMPÉRIALE
DU RESSORT.</td></tr>
</table>

JUGEMENTS ET JURISPRUDENCE DU TRIBUNAL CIVIL DU RESSORT.

OBSERVATIONS DIVERSES.

les substituts, les juges ou les officiers publics, qui auront retenu ou fait retenir un individu hors des lieux déterminés par le Gouvernement ou par l'administration publique, ou qui auront traduit un citoyen devant une cour d'assises, sans qu'il ait été préalablement mis légalement en accusation.

SECT. III. — *Coalition des fonctionnaires.*

123. Tout concert de mesures contraires aux lois, pratiqué soit par la réunion d'individus ou de corps dépositaires de quelque partie de l'autorité publique, soit par députation ou correspondance entre eux, sera puni d'un emprisonnement de deux mois au moins et de six mois au plus, contre chaque coupable, qui pourra, de plus, être condamné à l'interdiction des droits civiques, et de tout emploi public, pendant dix ans au plus.

124. Si, par l'un des moyens exprimés ci-dessus, il a été concerté des mesures contre l'exécution des lois ou contre les ordres du Gouvernement, la peine sera le bannissement.—Si ce concert a eu lieu entre les autorités civiles et les corps militaires ou leurs chefs, ceux qui en seront les auteurs ou provocateurs seront punis de la déportation; les autres coupables seront bannis.

125. Dans le cas où ce concert aurait eu pour objet ou résultat un complot attentatoire à la sûreté intérieure de l'État, les coupables seront punis de mort.

126. Seront coupables de forfaiture, et punis de la dégradation civique, — Les fonctionnaires publics qui auront, par délibération, arrêté de donner des démissions dont l'objet ou l'effet serait d'empêcher ou de suspendre soit l'administration de la justice, soit l'accomplissement d'un service quelconque.

SECT. IV. — *Empiétement des autorités administratice et judiciaire.*

127. Seront coupables de forfaiture, et punis de la dégradation civique, — 1º Les juges, les procureurs généraux ou impériaux, ou leurs substituts, les officiers de police, qui se seront immiscés dans l'exercice du pouvoir législatif, soit par des règlements contenant des dispositions législatives, soit en arrêtant ou en suspendant l'exécution d'une ou de plusieurs lois, soit en délibérant sur le point de savoir si les lois seront publiées ou exécutées; — 2º Les juges, les procureurs généraux ou impériaux, ou leurs substituts, les officiers de police judiciaire, qui auraient excédé leur pouvoir, en s'immisçant dans les matières attribuées aux autorités administratives, soit en faisant des règlements sur ces matières, soit en défendant d'exécuter les ordres émanés de l'administration, ou qui, ayant permis ou ordonné de citer des administrateurs pour raison de l'exercice de leurs fonctions, auraient persisté dans l'exécution de leurs jugements ou ordonnances, nonobstant l'annulation qui en aurait été prononcée ou le conflit qui leur aurait été notifié.

128. Les juges qui, sur la revendication formellement faite par l'autorité administrative d'une affaire portée devant eux, auront néanmoins procédé au jugement avant la décision de l'autorité supérieure, seront punis chacun d'une amende de seize francs au moins et de cent cinquante francs au plus. — Les officiers du ministère public qui auront fait des réquisitions ou donné des conclusions pour ledit jugement seront punis de la même peine.

129. La peine sera d'une amende de cent francs au moins et de cinq cents francs au plus contre chacun des juges qui, après une réclamation légale des parties intéressées, ou de l'autorité administrative, auront, sans autorisation du Gouvernement, rendu des ordonnances et décerné des mandats, contre ses agents ou préposés, prévenus de crimes ou délits commis dans l'exercice de leurs fonctions.—La même peine sera appliquée aux officiers du ministère public ou de police qui auront requis lesdites ordonnances ou mandats.

130. Les préfets, sous-préfets, maires et autres administrateurs, qui se seront immiscés dans l'exercice du pouvoir législatif, comme il est dit au nº 1er de l'article 127, ou qui se seront ingérés de prendre des arrêtés généraux tendant à intimer des ordres ou des défenses quelconques à des cours ou tribunaux, seront punis de la dégradation civique.

131. Lorsque ces administrateurs entreprendront sur les fonctions judiciaires en s'ingérant de connaître de droits et intérêts privés du ressort des tribunaux, et qu'après la réclamation des parties ou de l'une d'elles, ils auront néanmoins décidé l'affaire avant que l'autorité supérieure ait prononcé, ils seront punis d'une amende de seize frans au moins et de cent cinquante francs au plus.

CHAP. III. — CRIMES ET DÉLITS CONTRE LA PAIX PUBLIQUE.

SECT. I. — *Du faux.*

§ 1. — Fausse monnaie.

132. « Quiconque aura contrefait ou altéré les monnaies d'or et d'argent ayant cours légal en France, ou participé à l'émission ou exposition desdites monnaies contrefaites ou altérées, ou à leur introduction sur le territoire français, sera puni des travaux forcés à perpétuité. »

133. « Celui qui aura contrefait ou altéré des monnaies de billon ou de cuivre ayant cours légal en France, ou participé à l'émission ou exposition desdites monnaies contrefaites ou altérées, ou à leur introduction sur le territoire français, sera puni des travaux forcés à temps. »

134. Tout individu qui aura, en France, contrefait ou altéré des monnaies étrangères, ou participé à l'émission, exposition ou introduction en France de monnaies étrangères contrefaites ou altérées, sera puni des travaux forcés à temps.

135. La participation énoncée aux précédents articles ne s'applique point à ceux qui, ayant reçu pour bonnes des pièces de monnaies contrefaites ou altérées, les ont remises en circulation. — Toutefois celui qui aura fait usage desdites pièces, après en avoir vérifié ou fait vérifier les vices, sera puni d'une amende triple au moins et sextuple au plus de la somme représentée par les pièces qu'il aura rendue à la circulation, sans que cette amende puisse en aucun cas être inférieure à seize francs.

136 et **137.** *Abrogés par la loi du 28 avril* 1832.

138. Les personnes coupables des crimes mentionnés aux articles 132 et 133 seront exemptes de peine, si, avant la consommation de ces crimes et avant toutes poursuites, elles en ont donné connaissance et révélé les auteurs aux autorités constituées, ou si, même après les poursuites commencées, elles ont procuré l'arrestation des autres coupables. — Elles pourront néanmoins être mises, pour la vie ou à temps, sous la surveillance spéciale de la haute police.

EXTRAITS DES CODES ANNOTÉS DE SIREY ET AUTRES AUTEURS.

ARRÊTS ET JURISPRUDENCE DE LA COUR DE CASSATION.	ARRÊTS ET JURISPRUDENCE DE LA COUR IMPÉRIALE DU RESSORT.

JUGEMENTS ET JURISPRUDENCE DU TRIBUNAL CIVIL DU RESSORT.

OBSERVATIONS DIVERSES.

§ 2. — Contrefaçon des sceaux de l'État, des billets de banque, des effets publics, et des poinçons, timbres et marques.

139. « Ceux qui auront contrefait le sceau de l'État ou fait usage du sceau contrefait ; — Ceux qui auront contrefait ou falsifié, soit des effets émis par le trésor public avec son timbre, soit des billets de banque autorisées par la loi, ou qui auront fait usage de ces effets et billets contrefaits ou falsifiés, ou qui les auront introduits dans l'enceinte du territoire français, — Seront punis des travaux forcés à perpétuité.

140. Ceux qui auront contrefait ou falsifié, soit un ou plusieurs timbre nationaux, soit les marteaux de l'État servant aux marques forestières, soit le poinçon ou les poinçons servant à marquer les matières d'or ou d'argent, ou qui auront fait usage des papiers, effets, timbres, marteaux ou poinçons falsifiés ou contrefaits, seront punis des travaux forcés à temps, dont le *maximum* sera toujours appliqué dans ce cas.

141. Sera puni de la reclusion, quiconque s'étant indûment procuré les vrais timbres, marteaux ou poinçons ayant l'une des destinations exprimées en l'article 140, en aura fait une application ou usage préjudiciable aux droits ou intérêts de l'État.

142. Ceux qui auront contrefait les marques destinées à être apposées, au nom du Gouvernement, sur les diverses espèces de denrées ou de marchandises, ou qui auront fait usage de ces fausses marques ; — Ceux qui auront contrefait le sceau, timbre ou marque d'une autorité quelconque, ou d'un établissement particulier de banque ou de commerce, ou qui auront fait usage des sceaux, timbres ou marques contrefaits, — Seront punis de la reclusion.

143. « Sera puni de la dégradation civique, quiconque, s'étant indûment procuré les vrais sceaux, timbres ou marques ayant l'une des destinations exprimées en l'article 142, en aura fait une application ou usage préjudiciable aux droits ou intérêts de l'État, d'une autorité quelconque, ou même d'un établissement particulier. »

144. « Les dispositions de l'article 138 sont applicables aux crimes mentionnés dans l'article 139. »

§ 3. — Des faux en écriture publique ou authentique, et de commerce ou de banque.

145. Tout fonctionnaire ou officier public qui, dans l'exercice de ses fonctions, aura commis un faux, — Soit par fausses signatures, — Soit par altération des actes, écritures ou signatures, — Soit par supposition de personnes, — Soit par des écritures faites ou intercalées sur des registres ou d'autres actes publics, depuis leur confection ou clôture, — Sera puni des travaux forcés à perpétuité.

146. Sera aussi puni des travaux forcés à perpétuité, tout fonctionnaire ou officier public qui, en rédigeant des actes de son ministère, en aura frauduleusement dénaturé la substance ou les circonstances, soit en écrivant des conventions autres que celles qui auraient été tracées ou dictées par les parties, soit en constatant comme vrais des faits faux, ou comme avoués des faits qui ne l'étaient pas.

147. Seront punies des travaux forcés à temps, toutes autres personnes qui auront commis un faux en écriture authentique et publique, ou en écriture de commerce ou de banque, — Soit par contrefaçon ou altération d'écritures ou de signatures, — Soit par fabrication de conventions, dispositions, obligations ou décharges, ou par leur insertion après coup dans ces actes, — Soit par addition ou altération de clauses, de déclarations ou de faits que ces actes avaient pour objet de recevoir et de constater.

148. Dans tous les cas exprimés au présent paragraphe, celui qui aura fait usage des actes faux sera puni des travaux forcés à temps.

149. Sont exceptés des dispositions ci-dessus, les faux commis dans les passe-ports et feuilles de route, sur lesquels il sera particulièrement statué ci-après (art. 153 à 158).

§ 4. — Du faux en écriture privée.

150. Tout individu qui aura, de l'une des manières exprimées en l'article 147, commis un faux en écriture privée, sera puni de la reclusion.

151. Sera puni de la même peine celui qui aura fait usage de la pièce fausse.

152. Sont exceptés des dispositions ci-dessus, les faux certificats de l'espèce dont il sera ci-après parlé (art. 159 à 162).

§ 5. — Des faux commis dans les passe-ports, feuilles de route et certificats.

153. Quiconque fabriquera un faux passe-port, ou falsifiera un passe-port originairement véritable, ou fera usage d'un passe-port fabriqué ou falsifié, sera puni d'un emprisonnement d'une année au moins et de cinq ans au plus.

154. Quiconque prendra, dans un passe-port, un nom supposé, ou aura concouru comme témoin à faire délivrer le passe-port sous le nom supposé, sera puni d'un emprisonnement de trois mois à un an. — Les logeurs et aubergistes qui, sciemment, inscriront sur leurs registres, sous des noms faux ou supposés, les personnes logées chez eux, seront punis d'un emprisonnement de six jours au moins et d'un mois au plus.

155. Les officiers publics qui délivreront un passe-port à une personne qu'ils ne connaîtront pas personnellement, sans avoir fait attester ses noms et qualités par deux citoyens à eux connus, seront punis d'un emprisonnement d'un mois à six mois. — Si l'officier public, instruit de la supposition du nom, a néanmoins délivré le passe-port sous le nom supposé, il sera puni du bannissement.

156. Quiconque fabriquera une fausse feuille de route, ou falsifiera une feuille de route originairement véritable, ou fera usage d'une feuille de route fabriquée ou falsifiée, sera puni, savoir : — D'un emprisonnement d'une année au moins et de cinq ans au plus, si la fausse feuille de route n'a eu pour objet que de tromper la surveillance de l'autorité publique ; — Du bannissement, si le trésor impérial a payé au porteur de la fausse feuille des frais de route qui ne lui étaient pas dus ou qui excédaient ceux auxquels il pouvait avoir droit, le tout néanmoins au-dessous de cent francs ; — Et de la reclusion, si les sommes indûment reçues par le porteur de la feuille s'élèvent à cent francs ou au-delà.

157. Les peines portées en l'article précédent seront appliquées, selon les distinctions qui y sont posées, à toute personne qui se sera fait délivrer, par l'officier public, une feuille de route sous un nom supposé.

158. Si l'officier public était instruit de la supposition de nom lorsqu'il a délivré la feuille, il sera puni, savoir : — Dans le premier cas posé par l'article 156, du bannissement ; — Dans le second cas du même article, de la reclusion ;

EXTRAITS DES CODES ANNOTÉS DE SIREY ET AUTRES AUTEURS.

ARRÊTS ET JURISPRUDENCE DE LA COUR DE CASSATION.	ARRÊTS ET JURISPRUDENCE DE LA COUR IMPÉRIALE DU RESSORT.

JUGEMENTS ET JURISPRUDENCE DU TRIBUNAL CIVIL DU RESSORT.

OBSERVATIONS DIVERSES.

— Et, dans le troisième cas, des travaux forcés à temps.

159. Toute personne qui, pour se rédimer elle-même, ou en affranchir une autre d'un service public quelconque, fabriquera, sous le nom d'un médecin, chirurgien ou autre officier de santé, un certificat de maladie ou d'infirmité, sera punie d'un emprisonnement de deux à cinq ans.

160. Tout médecin, chirurgien ou autre officier de santé, qui, pour favoriser quelqu'un certifiera faussement des maladies ou infirmités propres à dispenser d'un service public, sera puni d'un emprisonnement de deux à cinq ans. — S'il y a été mû par dons ou promesses, il sera puni du bannissement : les corrupteurs seront, en ce cas, punis de la même peine.

161. Quiconque fabriquera, sous le nom d'un fonctionnaire ou officier public, un certificat de bonne conduite, indigence ou autres circonstances propres à appeler la bienveillance du Gouvernement ou des particuliers sur la personne y désignée, et à lui procurer places, crédit ou secours, sera puni d'un emprisonnement de six mois à deux ans. — La même peine sera appliquée : 1° à celui qui falsifiera un certificat de cette espèce, originairement véritable, pour l'approprier à une personne autre que celle à laquelle il a été primitivement délivré; 2° à tout individu qui se sera servi du certificat ainsi fabriqué ou falsifié.

162. Les faux certificats de toute autre nature, et d'où il pourrait résulter, soit lésion envers des tiers, soit préjudice envers le trésor impérial, seront punis, selon qu'il y aura lieu, d'après les dispositions des paragraphes 3 et 4 de la présente section (art. 145 à 148, 150 à 151).

DISPOSITIONS COMMUNES.

163. L'application des peines portées contre ceux qui ont fait usage de monnaies, billets, sceaux, timbres, marteaux, poinçons, marques et écrits faux, contrefaits, fabriqués ou falsifiés, cessera toutes les fois que le faux n'aura pas été connu de la personne qui aura fait usage de la chose fausse.

164. Il sera prononcé contre les coupables une amende dont le *maximum* pourra être porté jusqu'au quart du bénéfice illégitime que le faux aura procuré ou était destiné à procurer aux au-

teurs du crime, à leurs complices ou à ceux qui ont fait usage de la pièce fausse. Le *minimum* de cette amende ne pourra être inférieur à cent francs.

165. « Tout faussaire condamné, soit aux travaux forcés, soit à la reclusion, subira l'exposition publique. »

SECT. II. — *De la forfaiture et des crimes et délits des fonctionnaires publics dans l'exercice de leurs fonctions.*

166. Tout crime commis par un fonctionnaire public, dans l'exercice de ses fonctions, est une forfaiture.

167. Toute forfaiture pour laquelle la loi ne prononce pas de peines plus graves est punie de la dégradation civique.

168. Les simples délits ne constituent pas les fonctionnaires en forfaiture.

§ 1. — Des soustractions commises par les dépositaires publics.

169. Tout percepteur, tout commis à une perception, dépositaire ou comptable public, qui aura détourné ou soustrait des deniers publics ou privés, ou effets actifs en tenant lieu, ou des pièces, titres, actes, effets mobiliers qui étaient entre ses mains en vertu de ses fonctions, sera puni des travaux forcés à temps, si les choses détournées ou soustraites sont d'une valeur au-dessus de trois mille francs.

170. La peine des travaux forcés à temps aura lieu également, quelle que soit la valeur des deniers ou des effets détournés ou soustraits, si cette valeur égale ou excède soit le tiers de la recette ou du dépôt, s'il s'agit de deniers ou effets une fois reçus ou déposés, soit le cautionnement, s'il s'agit d'une recette ou d'un dépôt attaché à une place sujette à cautionnement, soit enfin le tiers du produit commun de la recette, pendant un mois, s'il s'agit d'une recette composée de rentrées successives et non sujette à cautionnement.

171. Si les valeurs détournées ou soustraites sont au-dessous de trois mille francs, et en outre inférieures aux mesures exprimées en l'article précédent, la peine sera un emprisonnement de deux ans au moins et de cinq ans au plus, et le condamné sera de plus déclaré à jamais incapable d'exercer aucune fonction publique.

172. Dans les cas exprimés aux trois articles précédents, il sera toujours prononcé contre le condamné une amende dont le *maximum* sera le quart des restitutions et indemnités, et le *minimum* le douzième.

173. Tout juge, administrateur, fonctionnaire ou officier public qui aura détruit, supprimé, soustrait ou détourné les actes et titres dont il était dépositaire en cette qualité, ou qui lui auront été remis ou communiqués à raison de ses fonctions, sera puni des travaux forcés à temps. — Tous agents, préposés ou commis, soit du Gouvernement, soit des dépositaires publics, qui se seront rendus coupables des mêmes soustractions, seront soumis à la même peine.

§ 2. — Des concussions commises par des fonctionnaires publics.

174. Tous fonctionnaires, tous officiers publics, leurs commis ou préposés, tous percepteurs des droits, taxes, contributions, deniers, revenus publics ou communaux, et leurs commis ou préposés, qui se seront rendus coupables du crime de concussion, en ordonnant de percevoir ou en exigeant ou en recevant ce qu'ils savaient n'être pas dû ou excéder ce qui était dû pour droits, taxes, contributions, deniers ou revenus, ou pour salaires ou traitements, seront punis, savoir : les fonctionnaires ou les officiers publics, de la peine de la reclusion; et leurs commis ou préposés, d'un emprisonnement de deux ans au moins et de cinq ans au plus. — Les coupables seront de plus condamnés à une amende dont le *maximum* sera le quart des restitutions et des dommages-intérêts, et le *minimum* le douzième.

§ 3. — Des délits de fonctionnaires qui se seront ingérés dans des affaires ou commerces incompatibles avec leur qualité.

175. Tout fonctionnaire, tout officier public, tout agent du Gouvernement, qui, soit ouvertement, soit par actes simulés, soit par interposition de personnes, aura pris ou reçu quelque intérêt que ce soit dans les actes, adjudications, entreprises ou régies, dont il a ou avait, au temps de l'acte, en tout ou en partie, l'administration ou la surveillance, sera puni d'un emprisonnement de six mois au moins et de deux ans au plus, et sera condamné à une amende qui ne pourra excéder le quart des restitutions et des indemnités, ni être au-dessous du douzième. —

<table>
<tr><td>ARRÊTS ET JURISPRUDENCE DE LA COUR
DE CASSATION.</td><td>ARRÊTS ET JURISPRUDENCE DE LA COUR IMPÉRIALE
DU RESSORT.</td></tr>
</table>

JUGEMENTS ET JURISPRUDENCE DU TRIBUNAL CIVIL DU RESSORT.

OBSERVATIONS DIVERSES.

Il sera de plus déclaré à jamais incapable d'exercer aucune fonction publique. — La présente disposition est applicable à tout fonctionnaire ou agent du Gouvernement qui aura pris un intérêt quelconque dans une affaire dont il était chargé d'ordonnancer le payement ou de faire la liquidation.

176. Tout commandant des divisions militaires, des départements ou des places et villes, tout préfet ou sous-préfet, qui aura, dans l'étendue des lieux où il a le droit d'exercer son autorité, fait ouvertement, ou par des actes simulés, ou par interposition de personnes, le commerce de grains, grenailles, farines, substances farineuses, vins ou boissons, autres que ceux provenant de ses propriétés, sera puni d'une amende de cinq cents francs au moins, de dix mille francs au plus, et de la confiscation des denrées appartenant à ce commerce.

§ 4. — De la corruption des fonctionnaires publics.

177. « Tout fonctionnaire public de l'ordre administratif ou judiciaire, tout agent ou préposé d'une administration publique, qui aura agréé des offres ou promesses, ou reçu des dons ou présents pour faire un acte de sa fonction ou de son emploi, même juste, mais non sujet à salaire, sera puni de la dégradation civique, et condamné à une amende double de la valeur des promesses agréées ou des choses reçues, sans que ladite amende puisse être inférieure à deux cents francs. — La présente disposition est applicable à tout fonctionnaire, agent ou préposé de la qualité ci-dessus exprimée, qui, par offres ou promesses agréées, dons ou présents reçus, se sera abstenu de faire un acte qui entrait dans l'ordre de ses devoirs. »

178. » Dans le cas où la corruption aurait pour objet un fait criminel emportant une peine plus forte que celle de la dégradation civique, cette peine plus forte sera appliquée aux coupables. »

179. Quiconque aura contraint ou tenté de contraindre par voies de fait ou menaces, corrompu ou tenté de corrompre par promesses, offres, dons ou présents, un fonctionnaire, agent ou préposé de la qualité exprimée en l'article 177, pour obtenir soit une opinion favorable, soit des procès-verbaux, états, certificats ou estimations contraires à la vérité, soit des places, emplois, adjudications, entreprises ou autres bénéfices quelconques, soit enfin tout autre acte du ministère du fonctionnaire, agent ou préposé, sera puni des mêmes peines que le fonctionnaire, agent ou préposé corrompu. — Toutefois, si les tentatives de contrainte ou corruption n'ont eu aucun effet, les auteurs de ces tentatives seront simplement punis d'un emprisonnement de trois mois au moins et de six mois au plus, et d'une amende de cent francs à trois cents francs.

180. Il ne sera jamais fait au corrupteur restitution des choses par lui livrées, ni de leur valeur; elles seront confisquées au profit des hospices des lieux où la corruption aura été commise.

181. Si c'est un juge prononçant en matière criminelle, ou un juré, qui s'est laissé corrompre, soit en faveur, soit au préjudice de l'accusé, il sera puni de la reclusion, outre l'amende ordonnée par l'article 177.

182. Si, par l'effet de la corruption, il y a eu condamnation à une peine supérieure à celle de la reclusion, cette peine, quelle qu'elle soit, sera appliquée au juge ou juré coupable de corruption.

183. Tout juge ou administrateur qui se sera décidé par faveur pour une partie ou par inimitié contre elle, sera coupable de forfaiture et puni de la dégradation civique.

§ 5. — Des abus d'autorité.

PREMIÈRE CLASSE. — **Des abus d'autorité contre les particuliers.**

184. « Tout fonctionnaire de l'ordre administratif ou judiciaire, tout officier de justice ou de police, tout commandant ou agent de la force publique, qui, agissant en sadite qualité, se sera introduit dans le domicile d'un citoyen contre le gré de celui-ci, hors les cas prévus par la loi et sans les formalités qu'elle a prescrites, sera puni d'un emprisonnement de six jours à un an, et d'une amende de seize francs à cinq cents francs, sans préjudice de l'application du second paragraphe de l'article 114. — Tout individu qui se sera introduit, à l'aide de menaces ou de violence, dans le domicile d'un citoyen, sera puni d'un emprisonnement de six jours à trois mois et d'une amende de seize francs à deux cents francs.

185. Tout juge ou tribunal, tout administrateur ou autorité administrative, qui, sous quelque prétexte que ce soit, même du silence ou de l'obscurité de la loi, aura dénié de rendre la justice qu'il doit aux parties, après en avoir été requis, et qui aura persévéré dans son déni, après avertissement ou injonction de ses supérieurs, pourra être poursuivi, et sera puni d'une amende de deux cents francs au moins et de cinq cents francs au plus, et de l'interdiction de l'exercice des fonctions publiques depuis cinq ans jusqu'à vingt.

186. Lorsqu'un fonctionnaire ou un officier public, un administrateur, un agent ou un préposé du Gouvernement ou de la police, un exécuteur des mandats de justice ou jugements, un commandant en chef ou en sous-ordre de la force publique, aura, sans motif légitime, usé ou fait user de violence envers les personnes, dans l'exercice de ses fonctions, il sera puni selon la nature et la gravité de ces violences, et en élevant la peine suivant la règle posée par l'article 198 ci-après.

187. « Toute suppression, toute ouverture de lettres confiées à la poste, commise ou facilitée par un fonctionnaire ou un agent du Gouvernement ou de l'administration des postes, sera punie d'une amende de seize francs à cinq cents francs, et d'un emprisonnement de trois mois à cinq ans. Le coupable sera, de plus, interdit de toute fonction ou emploi public pendant cinq ans au moins et dix ans au plus.

DEUXIÈME CLASSE. — **Des abus d'autorité contre la chose publique.**

188. Tout fonctionnaire public, agent ou préposé du Gouvernement, de quelque état et grade qu'il soit, qui aura requis ou ordonné, fait requérir ou ordonner l'action ou l'emploi de la force publique contre l'exécution d'une loi ou contre la perception d'une contribution légale, ou contre l'exécution soit d'une ordonnance ou mandat de justice, soit de tout autre ordre émané de l'autorité légitime, sera puni de la reclusion.

189. « Si cette réquisition ou cet ordre ont été suivis de leur effet, la peine sera le *maximum* de la reclusion.

190. Les peines énoncées aux articles 188 et 189 ne cesseront d'être applicables aux fonctionnaires ou préposés qui auraient agi par ordre de leurs supérieurs, qu'autant que cet ordre aura

ARRÊTS ET JURISPRUDENCE DE LA COUR DE CASSATION.	ARRÊTS ET JURISPRUDENCE DE LA COUR IMPÉRIALE DU RESSORT.

JUGEMENTS ET JURISPRUDENCE DU TRIBUNAL CIVIL DU RESSORT.

OBSERVATIONS DIVERSES.

été donné par ceux-ci pour des objets de leur ressort, et sur lesquels il leur était dû obéissance hiérarchique ; dans ce cas, les peines portées ci-dessus ne seront appliquées qu'aux supérieurs qui, les premiers, auront donné cet ordre.

191. Si, par suite desdits ordres ou réquisitions, il survient d'autres crimes punissables de peines plus fortes que celles exprimées aux articles 188 et 189, ces peines plus fortes seront appliquées aux fonctionnaires, agents ou préposés coupables d'avoir donné lesdits ordres ou fait lesdites réquisitions.

§ 6. — De quelques délits relatifs à la tenue des actes de l'état civil.

192. Les officiers de l'état civil qui auront inscrit leurs actes sur de simples feuilles volantes seront punis d'un emprisonnement d'un mois au moins et de trois mois au plus, et d'une amende de seize francs à deux cents francs.

193. Lorsque, pour la validité d'un mariage, la loi prescrit le consentement des père, mère ou autres personnes, et que l'officier de l'état civil ne se sera point assuré de l'existence de ce consentement, il sera puni d'une amende de seize francs à trois cents francs, et d'un emprisonnement de six mois au moins et d'un an au plus.

194. L'officier de l'état civil sera aussi puni de seize francs à trois cents francs d'amende, lorsqu'il aura reçu, avant le temps prescrit par l'article 228 du Code Napoléon, l'acte de mariage d'une femme ayant déjà été mariée.

195. Les peines portées aux articles précédents contre les officiers de l'état civil leur seront appliquées, lors même que la nullité de leurs actes n'aurait pas été demandée ou aurait été couverte : le tout sans préjudice des peines plus fortes prononcées en cas de collusion, et sans préjudice aussi des autres dispositions pénales du titre V du livre Iᵉʳ du Code Napoléon (art. 156, 157, 192, 193).

§ 7. — De l'exercice de l'autorité publique illégalement anticipé ou prolongé.

196. Tout fonctionnaire public qui sera entré en exercice de ses fonctions sans avoir prêté le serment pourra être poursuivi, et sera puni d'une amende de seize francs à cent cinquante francs.

197. Tout fonctionnaire public révoqué, destitué, suspendu ou interdit légalement, qui, après en avoir eu la connaissance officielle, aura continué l'exercice de ses fonctions, ou qui, étant électif ou temporaire, les aura exercées après avoir été remplacé, sera puni d'un emprisonnement de six mois au moins et de deux ans au plus, et d'une amende de cent francs à cinq cents francs. Il sera interdit de l'exercice de toute fonction publique pour cinq ans au moins et dix ans au plus, à compter du jour où il aura subi sa peine : le tout sans préjudice des plus fortes peines portées contre les officiers ou les commandants militaires par l'article 93 du présent Code.

DISPOSITIONS PARTICULIÈRES.

198. « Hors les cas où la loi règle spécialement les peines encourues pour crimes ou délits commis par les fonctionnaires ou officiers publics, ceux d'entre eux qui auront participé à d'autres crimes ou délits qu'ils étaient chargés de surveiller ou de réprimer, seront punis comme il suit : —S'il s'agit d'un délit de police correctionnelle, ils subiront toujours le *maximum* de la peine attachée à l'espèce de délit ; — Et s'il s'agit de crime, ils seront condamnés, savoir : à la reclusion, si le crime emporte contre tout autre coupable la peine du bannissement ou de la dégradation civique ; — Aux travaux forcés à temps, si le crime emporte contre tout autre coupable la peine de la reclusion ou de la détention ; — Et aux travaux forcés à perpétuité, lorsque le crime emportera contre tout autre coupable la peine de la déportation ou celle des travaux forcés à temps. — Au delà des cas qui viennent d'être exprimés, la peine commune sera appliquée sans aggravation. »

SECT. III. — *Des troubles apportés à l'ordre public par les ministres des cultes dans l'exercice de leur ministère.*

§ 1. — Des contraventions propres à compromettre l'état civil des personnes.

199. Tout ministre d'un culte qui procédera aux cérémonies religieuses d'un mariage, sans qu'il lui ait été justifié d'un acte de mariage préalablement reçu par les officiers de l'état civil, sera, pour la première fois, puni d'une amende de seize francs à cent francs.

200. « En cas de nouvelles contraventions de l'espèce exprimée en l'article précédent, le ministre du culte qui les aura commises sera puni, savoir : — Pour la première récidive, d'un emprisonnement de deux à cinq ans ; — Et pour la seconde, de la détention. »

§ 2. — Des critiques, censures ou provocations dirigées contre l'autorité publique dans un discours pastoral prononcé publiquement.

201. Les ministres des cultes qui prononceront, dans l'exercice de leur ministère, et en assemblée publique, un discours contenant la critique ou censure du Gouvernement, d'une loi, d'un décret impérial ou de tout autre acte de l'autorité publique, seront punis d'un emprisonnement de trois mois à deux ans.

202. Si le discours contient une provocation directe à la désobéissance aux lois ou autres actes de l'autorité publique, ou s'il tend à soulever ou armer une partie des citoyens contre les autres, le ministre du culte qui l'aura prononcé sera puni d'un emprisonnement de deux à cinq ans, si la provocation n'a été suivie d'aucun effet, et du bannissement, si elle a donné lieu à la désobéissance, autre toutefois que celle qui aurait dégénéré en sédition ou révolte.

203. Lorsque la provocation aura été suivie d'une sédition ou révolte dont la nature donnera lieu contre l'un ou plusieurs des coupables à une peine plus forte que celle du bannissement, cette peine, quelle qu'elle soit, sera appliquée au ministre coupable de la provocation.

§ 3. — Des critiques, censures ou provocations dirigées contre l'autorité publique dans un écrit pastoral.

204. Tout écrit contenant des instructions pastorales, en quelque forme que ce soit, et dans lequel un ministre du culte se sera ingéré de critiquer ou censurer, soit le Gouvernement, soit tout acte de l'autorité publique, emportera la peine du bannissement contre le ministre qui l'aura publié.

205. « Si l'écrit mentionné en l'article précédent contient une provocation directe à la désobéissance aux lois ou autres actes de l'autorité publique, ou s'il tend à soulever ou armer une partie des citoyens contre les autres, le ministre qui l'aura publié sera puni de la détention. »

EXTRAITS DES CODES ANNOTÉS DE SIREY ET AUTRES AUTEURS.

ARRÊTS ET JURISPRUDENCE DE LA COUR DE CASSATION.	ARRÊTS ET JURISPRUDENCE DE LA COUR IMPÉRIALE DU RESSORT.

JUGEMENTS ET JURISPRUDENCE DU TRIBUNAL CIVIL DU RESSORT.

OBSERVATIONS DIVERSES.

206. Lorsque la provocation contenue dans l'écrit pastoral aura été suivie d'une sédition ou révolte dont la nature donnera lieu contre l'un ou plusieurs des coupables à une peine plus forte que celle de la déportation, cette peine, quelle qu'elle soit, sera appliquée au ministre coupable de la provocation.

§ 4. — De la correspondance des ministres des cultes avec les cours ou puissances étrangères, sur des matières de religion.

207. Tout ministre d'un culte qui aura, sur des questions ou matières religieuses, entretenu une correspondance avec une cour ou puissance étrangère, sans en avoir préalablement informé le ministre de l'Empereur chargé de la surveillance des cultes, et sans avoir obtenu son autorisation, sera, pour ce seul fait, puni d'une amende de cent francs à cinq cents francs et d'un emprisonnement d'un mois à deux ans.

208. Si la correspondance mentionnée en l'article précédent a été accompagnée ou suivie d'autres faits contraires aux dispositions formelles d'une loi ou d'un décret de l'Empereur, le coupable sera puni du bannissement, à moins que la peine résultant de la nature de ces faits ne soit plus forte, auquel cas cette peine plus forte sera seule appliquée.

SECT. IV. — *Résistance, désobéissance et autres manquements envers l'autorité publique.*

§ 1. — Rébellion.

209. Toute attaque, toute résistance avec violences et voies de fait envers les officiers ministériels, les gardes champêtres ou forestiers, la force publique, les préposés à la perception des taxes et des contributions, les porteurs de contraintes, les préposés des douanes, les séquestres, les officiers ou agents de la police administrative ou judiciaire, agissant pour l'exécution des lois, des ordres ou ordonnances de l'autorité publique, des mandats de justice ou jugements, est qualifiée, selon les circonstances, crime ou délit de rébellion.

210. Si elle a été commise par plus de vingt personnes armées, les coupables seront punis des travaux forcés à temps; et, s'il n'y a pas eu port d'armes, ils seront punis de la réclusion.

211. Si la rébellion a été commise par une réunion armée de trois personnes au plus, jusqu'à vingt inclusivement, la peine sera la réclusion; s'il n'y a pas eu port d'armes, la peine sera un emprisonnement de six mois au moins et deux ans au plus.

212. Si la rébellion n'a été commise que par une ou deux personnes, avec armes, elle sera punie d'un emprisonnement de six mois à deux ans, et si elle a eu lieu sans armes, d'un emprisonnement de six jours à six mois.

213. En cas de rébellion avec bande ou attroupement, l'article 100 du présent Code sera applicable aux rebelles sans fonctions ni emplois dans la bande, qui se seront retirés au premier avertissement de l'autorité publique, ou même depuis, s'ils n'ont été saisis que hors du lieu de la rébellion, et sans nouvelle résistance et sans armes.

214. Toute réunion d'individus pour un crime ou un délit est réputée réunion armée, lorsque plus de deux personnes portent des armes ostensibles.

215. Les personnes qui se trouveraient munies d'armes cachées, et qui auraient fait partie d'une troupe ou réunion non réputée armée, seront individuellement punies comme si elles avaient fait partie d'une troupe ou réunion armée.

216. Les auteurs des crimes et délits commis pendant le cours et à l'occasion d'une rébellion seront punis des peines prononcées contre ces crimes, si elles sont plus fortes que celles de la rébellion.

217. *Abrogé par la loi du 17 mai 1819.*

218. Dans tous les cas où il sera prononcé, pour fait de rébellion, une simple peine d'emprisonnement, les coupables pourront être condamnés en outre à une amende de seize francs à deux cents francs.

219. Seront punies comme réunions de rebelles, celles qui auront été formées avec ou sans armes, et accompagnées de violences ou de menaces contre l'autorité administrative, les officiers et les agents de police, ou contre la force publique. — 1° Par les ouvriers ou journaliers dans les ateliers publics ou manufactures; — 2° Par les individus admis dans les hospices; — 3° Par les prisonniers prévenus, accusés ou condamnés.

220. La peine appliquée pour rébellion à des prisonniers prévenus, accusés ou condamnés, relativement à d'autres crimes ou délits, sera par eux subie, savoir : — Par ceux qui, à raison des crimes ou délits qui ont causé leur détention, sont ou seraient condamnés à une peine non capitale ni perpétuelle, immédiatement après l'expiration de cette peine; — Et par les autres, immédiatement après l'arrêt ou jugement en dernier ressort qui les aura acquittés ou renvoyés absous du fait pour lequel ils étaient détenus.

221. Les chefs d'une rébellion, et ceux qui l'auront provoquée, pourront être condamnés à rester, après l'expiration de leur peine, sous la surveillance spéciale de la haute police pendant cinq ans au moins et dix ans au plus.

§ 2. — Outrages et violences envers les dépositaires de l'autorité et de la force publique.

222. Lorsqu'un ou plusieurs magistrats de l'ordre administratif ou judiciaire auront reçu, dans l'exercice de leurs fonctions, ou à l'occasion de cet exercice, quelque outrage par parole tendant à inculper leur honneur ou leur délicatesse, celui qui les aura ainsi outragés sera puni d'un emprisonnement d'un mois à deux ans. — Si l'outrage a eu lieu à l'audience d'une cour ou d'un tribunal, l'emprisonnement sera de deux à cinq ans.

223. L'outrage fait par gestes ou menaces à un magistrat, dans l'exercice ou à l'occasion de l'exercice de ses fonctions, sera puni d'un mois à six mois d'emprisonnement; et si l'outrage a eu lieu à l'audience d'une cour ou d'un tribunal, il sera puni d'un emprisonnement d'un mois à deux ans.

224. L'outrage fait par paroles, gestes ou menaces à tout officier ministériel ou agent dépositaire de la force publique, dans l'exercice ou à l'occasion de l'exercice de ses fonctions, sera puni d'une amende de seize francs à deux cents francs.

225. La peine sera de six jours à un mois d'emprisonnement, si l'outrage mentionné en l'article précédent a été dirigé contre un commandant de la force publique.

226. Dans le cas des articles 222, 223 et 225, l'offenseur pourra être, outre l'emprisonnement, condamné à faire réparation, soit à la première audience, soit par écrit ; et le temps de

<table>
<tr><td>ARRÊTS ET JURISPRUDENCE DE LA COUR
DE CASSATION.</td><td>ARRÊTS ET JURISPRUDENCE DE LA COUR IMPÉRIALE
DU RESSORT.</td></tr>
</table>

JUGEMENTS ET JURISPRUDENCE DU TRIBUNAL CIVIL DU RESSORT.

OBSERVATIONS DIVERSES.

l'emprisonnement prononcé contre lui ne sera compté qu'à dater du jour où la réparation aura eu lieu.

227. Dans le cas de l'article 224, l'offenseur pourra de même, outre l'amende, être condamné à faire réparation à l'offensé ; et s'il retarde ou refuse, il sera contraint par corps.

228. « Tout individu qui, même sans armes, et sans qu'il en soit résulté de blessures, aura frappé un magistrat dans l'exercice de ses fonctions, ou à l'occasion de cet exercice, sera puni d'un emprisonnement de deux à cinq ans. — Si cette voie de fait a eu lieu à l'audience d'une cour ou d'un tribunal, le coupable sera en outre puni de la dégradation civique. »

229. Dans l'un et l'autre des cas exprimés en l'article précédent, le coupable pourra de plus être condamné à s'éloigner, pendant cinq à dix ans, du lieu où siège le magistrat, et d'un rayon de deux myriamètres. — Cette disposition aura son exécution à dater du jour où le condamné aura subi sa peine. — Si le condamné enfreint cet ordre avant l'expiration du temps fixé, il sera puni du bannissement.

230. Les violences de l'espèce exprimée en l'article 228, dirigées contre un officier ministériel, un agent de la force publique, ou un citoyen chargé d'un ministère de service public, si elles ont eu lieu pendant qu'ils exerçaient leur ministère ou à cette occasion, seront punies d'un emprisonnement d'un mois à six mois.

231. « Si les violences exercées contre les fonctionnaires et agents désignés aux articles 228 et 230 ont été la cause d'effusion de sang, blessures ou maladies, la peine sera la réclusion ; si la mort s'en est suivie dans les quarante jours, le coupable sera puni des travaux forcés à perpétuité. »

232. Dans le cas même où ces violences n'auraient pas causé d'effusion de sang, blessures ou maladie, les coups seront punis de la réclusion, s'ils ont été portés avec préméditation ou de guet-apens.

233. « Si les coups ont été portés ou les blessures faites à un des fonctionnaires ou agents désignés aux articles 228 et 230, dans l'exercice ou à l'occasion de l'exercice de leurs fonctions, avec intention de donner la mort, le coupable sera puni de mort. »

§ 3. — Refus d'un service dû légalement.

234. Tout commandant, tout officier ou sous-officier de la force publique qui, après en avoir été légalement requis par l'autorité civile, aura refusé de faire agir la force à ses ordres, sera puni d'un emprisonnement d'un mois à trois mois, sans préjudice des réparations civiles qui pourraient être dues aux termes de l'article 10 du présent Code.

235. Les lois pénales et règlements relatifs à la circonscription militaire continueront de recevoir leur exécution.

236. Les témoins et jurés qui auront allégué une excuse reconnue fausse seront condamnés, outre les amendes prononcées pour la non-comparution, à un emprisonnement de six jours à deux mois.

§ 4. — Évasion de détenus, recélement de criminels.

237. Toutes les fois qu'une évasion de détenus aura lieu, les huissiers, les commandants en chef ou en sous-ordre, soit de la gendarmerie, soit de la force armée servant d'escorte ou garnissant les postes, les concierges, gardiens, geôliers, et tous autres préposés à la conduite, au transport ou à la garde des détenus, seront punis ainsi suit.

238. Si l'évadé était prévenu de délits de police, ou de crimes simplement infamants, s'il était prisonnier de guerre, les préposés à sa garde ou conduite seront punis, en cas de négligence, d'un emprisonnement de six jours à deux mois ; et, en cas de connivence, d'un emprisonnement de six mois à deux ans.—Ceux qui, n'étant pas chargés de la garde ou de la conduite du détenu, auront procuré ou facilité son évasion, seront punis de six jours à trois mois d'emprisonnement.

239. Si les détenus évadés, ou l'un d'eux, étaient prévenus ou accusés d'un crime de nature à entraîner une peine afflictive à temps, ou condamnés pour l'un de ces crimes, la peine sera, contre les préposés à la garde ou conduite, en cas de négligence, un emprisonnement de deux mois à six mois ; en cas de connivence, la réclusion. — Les individus non chargés de la garde des détenus, qui auront procuré ou facilité l'évasion, seront punis d'un emprisonnement de trois mois à deux ans.

240. Si les évadés, ou l'un d'eux, sont prévenus ou accusés de crimes de nature à entraîner la peine de mort ou des peines perpétuelles, ou s'ils sont condamnés à l'une de ces peines, leurs conducteurs ou gardiens seront punis d'un an à deux ans d'emprisonnement, en cas de négligence, et des travaux forcés à temps, en cas de connivence. — Les individus non chargés de la conduite ou de la garde qui auront facilité ou procuré l'évasion, seront punis d'un emprisonnement d'un an au moins et de cinq ans au plus.

241. Si l'évasion a eu lieu ou a été tentée avec violence ou bris de prison, les peines contre ceux qui l'auront favorisée, en fournissant des instruments propres à l'opérer, seront, au cas que l'évadé fût de la qualité exprimée en l'article 238, trois mois à deux ans d'emprisonnement ; au cas de l'article 239, deux à cinq ans d'emprisonnement ; et au cas de l'article 240, la réclusion.

242. Dans tous les cas ci-dessus, lorsque les tiers qui auront procuré ou facilité l'évasion y seront parvenus en corrompant les gardiens ou geôliers, ou de connivence avec eux, ils seront punis des mêmes peines que lesdits gardiens et geôliers.

243. Si l'évasion avec bris ou violence a été favorisée par transmission d'armes, les gardiens et conducteurs qui y auront participé seront punis des travaux forcés à perpétuité, les autres personnes des travaux forcés à temps.

244. Tous ceux qui auront connivé à l'évasion d'un détenu seront solidairement condamnés, à titre de dommages-intérêts, à tout ce que la partie civile du détenu aurait eu droit d'obtenir contre lui.

245. A l'égard des détenus qui se seront évadés ou qui auront tenté de s'évader par bris de prison ou par violence, ils seront, pour ce seul fait, punis de six mois à un an d'emprisonnement, et subiront cette peine immédiatement après l'expiration de celle qu'ils auront encourue pour le crime ou délit à raison duquel ils étaient détenus, ou immédiatement après l'arrêt ou jugement qui les aura acquittés ou renvoyés absous dudit crime ou délit ; le tout sans préjudice de plus fortes peines qu'ils auraient pu encourir pour d'autres crimes qu'ils auraient commis dans leurs violences.

246. Quiconque sera condamné, pour avoir

ARRÊTS ET JURISPRUDENCE DE LA COUR DE CASSATION.	ARRÊTS ET JURISPRUDENCE DE LA COUR IMPÉRIALE DU RESSORT.

JUGEMENTS ET JURISPRUDENCE DU TRIBUNAL CIVIL DU RESSORT.

OBSERVATIONS DIVERSES.

favorisé une évasion ou des tentatives d'évasion, à un emprisonnement de plus de six mois, pourra, en outre, être mis sous la surveillance spéciale de la haute police, pour un intervalle de cinq à dix ans.

247. Les peines d'emprisonnement ci-dessus établies contre les conducteurs ou les gardiens, en cas de négligence seulement, cesseront lorsque les évadés seront repris ou représentés, pourvu que ce soit dans les quatre mois de l'évasion, et qu'ils ne soient pas arrêtés pour d'autres crimes ou délits commis postérieurement.

248. Ceux qui auront recélé ou fait recéler des personnes qu'ils savaient avoir commis des crimes emportant peine afflictive seront punis de trois mois d'emprisonnement au moins et de deux ans au plus; — Sont exceptés de la présente disposition les ascendants ou descendants, époux ou épouse même divorcés, frères ou sœurs des criminels recélés, ou leurs alliés au même degré.

§ 5. — Bris de scellés et enlèvement de pièces dans les dépôts publics.

249. Lorsque les scellés apposés, soit par ordre du Gouvernement, soit par suite d'une ordonnance de justice rendue en quelque matière que ce soit, auront été brisés, les gardiens seront punis, pour simple négligence, de six jours à six mois d'emprisonnement.

250. Si le bris des scellés s'applique à des papiers d'un individu prévenu ou accusé d'un crime emportant la peine de mort, des travaux forcés à perpétuité, ou de la déportation, ou qui soit condamné à l'une de ces peines, le gardien négligent sera puni de six mois à deux ans d'emprisonnement.

251. Quiconque aura, à dessein, brisé des scellés apposés sur des papiers ou effets de la qualité énoncée en l'article précédent, ou participé au bris des scellés, sera puni de la réclusion; et si c'est le gardien lui-même, il sera puni des travaux forcés à temps.

252. A l'égard de tous autres bris de scellés, les coupables seront punis de six mois à deux ans d'emprisonnement; et si c'est le gardien lui-même, il sera puni de deux à cinq ans de la même peine.

253. Tout vol commis à l'aide d'un bris de scellés sera puni comme vol commis à l'aide d'effraction.

254. Quant aux soustractions, destructions et enlèvements de pièces ou de procédures criminelles, ou d'autres papiers, registres, actes et effets, contenus dans des archives, greffes ou dépôts publics, ou remis à un dépositaire public en cette qualité, les peines seront, contre les greffiers, archivistes, notaires ou autres dépositaires négligents, de trois mois à un an d'emprisonnement, et d'une amende de cent francs à trois cents francs.

255. Quiconque se sera rendu coupable des soustractions, enlèvements ou destructions mentionnés en l'article précédent, sera puni de la réclusion. — Si le crime est l'ouvrage du dépositaire lui-même, il sera puni des travaux forcés à temps.

256. Si le bris de scellés, les soustractions, enlèvements ou destructions de pièces ont été commis avec violences envers les personnes, la peine sera, contre toute personne, celle des travaux forcés à temps, sans préjudice de peines plus fortes, s'il y a lieu, d'après la nature des violences et des autres crimes qui y seraient joints.

§ 6. — Dégradation de monuments.

257. Quiconque aura détruit, abattu, mutilé ou dégradé des monuments, statues et autres objets destinés à l'utilité ou à la décoration publique et élevés par l'autorité publique ou avec son autorisation, sera puni d'un emprisonnement d'un mois à deux ans, et d'une amende de cent francs à cinq cents francs.

§ 7. — Usurpations de titres ou fonctions.

258. Quiconque, sans titre, se sera immiscé dans des fonctions publiques, civiles ou militaires, ou aura fait les actes d'une de ces fonctions, sera puni d'un emprisonnement de deux à cinq ans, sans préjudice de la peine de faux, si l'acte porte le caractère de ce crime.

259. « Toute personne qui aura publiquement porté un costume, un uniforme ou une décoration qui ne lui appartiendra pas, sera punie d'un emprisonnement de six mois à deux ans. »

§ 8. — Entraves au libre exercice des cultes.

260. Tout particulier qui, par des voies de fait ou des menaces, aura contraint ou empêché une ou plusieurs personnes d'exercer l'un des cultes autorisés, d'assister à l'exercice de ce culte, de célébrer certaines fêtes, d'observer certains jours de repos, et, en conséquence, d'ouvrir ou de fermer leurs ateliers, boutiques ou magasins, et de faire ou quitter certains travaux, sera puni, pour ce seul fait, d'une amende de seize francs à deux cents francs, et d'un emprisonnement de six jours à deux mois.

261. Ceux qui auront empêché, retardé ou interrompu les exercices d'un culte par des troubles ou désordres causés dans le temple ou autre lieu destiné ou servant actuellement à ces exercices, seront punis d'une amende de seize francs à trois cents francs, et d'un emprisonnement de six jours à trois mois.

262. Toute personne qui aura, par paroles ou gestes, outragé les objets d'un culte dans les lieux destinés ou servant à son exercice, ou les ministres de ce culte dans leurs fonctions, sera punie d'une amende de seize francs à cinq cents francs, et d'un emprisonnement de quinze jours à six mois.

263. « Quiconque aura frappé le ministre d'un culte dans ses fonctions sera puni de la dégradation civique. »

264. Les dispositions du présent paragraphe ne s'appliquent qu'aux troubles, outrages ou voies de fait dont la nature ou les circonstances ne donneront pas lieu à de plus fortes peines, d'après les autres dispositions du présent Code.

SECT. V. — *Associations de malfaiteurs, vagabondage et mendicité.*

§ 1. — Associations de malfaiteurs.

265. Toute association de malfaiteurs envers les personnes ou les propriétés est un crime contre la paix publique.

266. Ce crime existe par le seul fait d'organisation de bandes ou de correspondance entre elles et leurs chefs ou commandants, ou de conventions tendant à rendre compte ou à faire distribution ou partage du produit des méfaits.

267. Quand ce crime n'aurait été accompagné ni suivi d'aucun autre, les auteurs, directeurs de

---

EXTRAITS DES CODES ANNOTÉS DE SIREY ET AUTRES AUTEURS.

ARRÊTS ET JURISPRUDENCE DE LA COUR DE CASSATION.	ARRÊTS ET JURISPRUDENCE DE LA COUR IMPÉRIALE DU RESSORT.

JUGEMENTS ET JURISPRUDENCE DU TRIBUNAL CIVIL DU RESSORT.

OBSERVATIONS DIVERSES.

l'association, et les commandants en chef ou en sous-ordre de ces bandes, seront punis des travaux forcés à temps.

268. Seront punis de la reclusion tous autres individus chargés d'un service quelconque dans ces bandes, et ceux qui auront sciemment et volontairement fourni aux bandes ou à leurs divisions des armes, munitions, instruments de crimes, logements, retraite ou lieu de réunion.

§ 2. — Vagabondage.

269. Le vagabondage est un délit.

270. Les vagabonds ou gens sans aveu sont ceux qui n'ont ni domicile certain, ni moyen de subsistance, et qui n'exercent habituellement ni métier, ni profession.

271. « Les vagabonds ou gens sans aveu, qui auront été légalement déclarés tels, seront, pour ce seul fait, punis de trois à six mois d'emprisonnement. Ils seront renvoyés, après avoir subi leur peine, sous la surveillance de la haute police pendant cinq ans au moins et dix ans au plus. — Néanmoins les vagabonds âgés de moins de seize ans ne pourront être condamnés à la peine d'emprisonnement; mais, sur la preuve des faits de vagabondage, ils seront renvoyés sous la surveillance de la haute police jusqu'à l'âge de vingt ans accomplis, à moins qu'avant cet âge ils n'aient contracté un engagement régulier dans les armées de terre ou de mer.

272. Les individus déclarés vagabonds par jugement pourront, s'ils sont étrangers, être conduits, par les ordres du Gouvernement, hors du territoire de l'empire.

273. Les vagabonds nés en France pourront, après un jugement même passé en force de chose jugée, être réclamés par délibération du conseil municipal de la commune où ils sont nés, ou cautionnés par un citoyen solvable. — Si le Gouvernement accueille la réclamation ou agrée la caution, les individus ainsi réclamés ou cautionnés seront, par ses ordres, renvoyés ou conduits dans la commune qui les aura réclamés, ou dans celle qui leur sera assignée pour résidence, sur la demande de la caution.

§ 3. — Mendicité.

274. Toute personne qui aura été trouvée mendiant dans un lieu pour lequel il existera un établissement public, organisé afin d'obvier à la mendicité, sera punie de trois à six mois d'emprisonnement, et sera, après l'expiration de sa peine, conduite au dépôt de mendicité.

275. Dans les lieux où il n'existe point encore de tels établissements, les mendiants d'habitude valides seront punis d'un mois à trois mois d'emprisonnement. — S'ils ont été arrêtés hors du canton de leur résidence, ils seront punis d'un emprisonnement de six mois à deux ans.

276. Tous mendiants, même invalides, qui auront usé de menaces, ou seront entrés, sans permission du propriétaire ou des personnes de sa maison, soit dans une habitation, soit dans un enclos en dépendant, — Ou qui feindront des plaies ou infirmités, — Ou qui mendieront en réunion, à moins que ce ne soient le mari et la femme, le père ou la mère et leurs jeunes enfants, l'aveugle et son conducteur, — Seront punis d'un emprisonnement de six mois à deux ans.

DISPOSITIONS COMMUNES AUX VAGABONDS ET MENDIANTS.

277. Tout mendiant ou vagabond qui aura été saisi travesti d'une manière quelconque, — Ou porteur d'armes, bien qu'il n'en ait usé ni menacé, — Ou muni de limes, crochets ou autres instruments propres soit à commettre des vols ou d'autres délits, soit à lui procurer les moyens de pénétrer dans les maisons, — Sera puni de deux à cinq ans d'emprisonnement.

278. Tout mendiant ou vagabond qui sera trouvé porteur d'un ou de plusieurs effets d'une valeur supérieure à cent francs, et qui ne justifiera point d'où ils lui proviennent, sera puni de la peine portée en l'article 276.

279. Tout mendiant ou vagabond qui aura exercé quelque acte de violence que ce soit envers les personnes sera puni de la reclusion, sans préjudice de peines plus fortes, s'il y a lieu, à raison du genre et des circonstances de la violence.

280. *Abrogé par la loi du 28 avril 1832.*

281. Les peines établies par le présent Code contre les individus porteurs de faux certificats, faux passe-ports ou fausses feuilles de route, seront toujours, dans leur espèce, portées au *maximum*, quand elles seront appliquées à des vagabonds ou mendiants.

282. « Les mendiants qui auront été condamnés aux peines portées par les articles précédents seront renvoyés, après l'expiration de leur peine, sous la surveillance de la haute police pour cinq ans au moins et dix ans au plus. »

SECT. VI. — *Délits commis par la voie d'écrits, images ou gravures distribués sans nom d'auteur, imprimeur ou graveur.*

283. Toute publication ou distribution d'ouvrages, écrits, avis, bulletins, affiches, journaux, feuilles périodiques ou autres imprimés, dans lesquels ne se trouvera pas l'indication vraie des noms, profession et demeure de l'auteur ou de l'imprimeur, sera, pour ce seul fait, punie d'un emprisonnement de six jours à six mois, contre toute personne qui aura sciemment contribué à la publication ou distribution.

284. Cette disposition sera réduite à des peines de simple police, — 1° A l'égard des crieurs, afficheurs, vendeurs ou distributeurs qui auront fait connaître la personne de laquelle ils tiennent l'écrit imprimé; — 2° A l'égard de quiconque aura fait connaître l'imprimeur; — 3° A l'égard même de l'imprimeur qui aura fait connaître l'auteur.

285. Si l'écrit imprimé contient quelque provocation à des crimes ou délits, les crieurs, afficheurs, vendeurs et distributeurs, seront punis comme complices des provocateurs, à moins qu'ils n'aient fait connaître ceux dont ils tiennent l'écrit contenant la provocation. — En cas de révélation, ils n'encourront qu'un emprisonnement de six jours à trois mois; et la peine de complicité ne restera applicable qu'à ceux qui n'auront point fait connaître les personnes dont il sauront reçu l'écrit imprimé, et à l'imprimeur, s'il est connu.

286. Dans tous les cas ci-dessus, il y aura confiscation des exemplaires saisis.

287. Toute exposition ou distribution de chansons, pamphlets, figures ou images, contraires aux bonnes mœurs, sera punie d'une amende de seize francs à cinq cents francs, d'un emprisonnement d'un mois à un an, et de la confiscation des planches et des exemplaires imprimés ou gravés de chansons, figures ou autres objets du délit.

288. La peine d'emprisonnement et l'amende prononcées par l'article précédent seront rédui-

ARRÊTS ET JURISPRUDENCE DE LA COUR
DE CASSATION.

ARRÊTS ET JURISPRUDENCE DE LA COUR IMPÉRIALE
DU RESSORT.

JUGEMENTS ET JURISPRUDENCE DU TRIBUNAL CIVIL DU RESSORT.

OBSERVATIONS DIVERSES.

tes à des peines de simple police, — 1º A l'*égard* des crieurs, vendeurs ou distributeurs qui auront fait connaître la personne qui leur a remis l'objet du délit; — 2º A l'égard de quiconque aura fait connaître l'imprimeur ou le graveur; — 3º A l'égard même de l'imprimeur ou du graveur qui auront fait connaître l'auteur ou la personne qui les aura chargés de l'impression ou de la gravure.

289. Dans tous les cas exprimés en la présente section, et où l'auteur sera connu, il subira le *maximum* de la peine attachée à l'espèce du délit.

DISPOSITION PARTICULIÈRE.

290. *Abrogé par la loi du 10 décembre 1830 sur les afficheurs et crieurs publics.*

SECT. VII. — *Des associations ou réunions illicites.*

291. Nulle association de plus de vingt personnes, dont le but sera de se réunir tous les jours ou à certains jours marqués pour s'occuper d'objets religieux, littéraires, politiques ou autres, ne pourra se former qu'avec l'agrément du Gouvernement, et sous les conditions qu'il plaira à l'autorité publique d'imposer à la société. — Dans le nombre de personnes indiqué par le présent article, ne sont pas comprises celles domiciliées dans la maison où l'association se réunit.

292. Toute association de la nature ci-dessus exprimée, qui se sera formée sans autorisation, ou qui, après l'avoir obtenue, aura enfreint les conditions à elle imposées, sera dissoute. — Les chefs, directeurs ou administrateurs de l'association seront en outre punis d'une amende de seize francs à deux cents francs.

293. Si, par discours, exhortations, invocations ou prières, en quelque langue que ce soit, ou par lecture, affiche, publication ou distribution d'écrits quelconques, il a été fait, dans ces assemblées, quelque provocation à des crimes ou à des délits, la peine sera de cent francs à trois cents francs d'amende, et de trois mois à deux ans d'emprisonnement, contre les chefs, directeurs et administrateurs de ces associations; sans préjudice des peines plus fortes qui seraient portées par la loi contre les individus personnellement coupables de la provocation, lesquels, en aucun cas, ne pourront être punis d'une peine moindre que celle infligée aux chefs, directeurs et administrateurs de l'association.

294. Tout individu qui, sans la permission de l'autorité municipale, aura accordé ou consenti l'usage de sa maison ou de son appartement, en tout ou en partie, pour la réunion des membres d'une association même autorisée, ou pour l'exercice d'un culte, sera puni d'une amende de seize francs à deux cents francs.

TITRE DEUXIÈME.

CRIMES ET DÉLITS CONTRE LES PARTICULIERS.

CHAP. I. — CRIMES ET DÉLITS CONTRE LES PERSONNES.

(Loi décrétée le 17 février 1810. Promulguée le 27.)

SECT. 1. — *Meurtres et autres crimes capitaux, menaces d'attentat contre les personnes.*

§ 1. — Meurtre, assassinat, parricide, infanticide, empoisonnement.

295. L'homicide commis volontairement est qualifié meurtre.

296. Tout meurtre commis avec préméditation ou de guet-apens est qualifié assassinat.

297. La préméditation consiste dans le dessein formé, avant l'action, d'attenter à la personne d'un individu déterminé, ou même de celui qui sera trouvé ou rencontré, quand même ce dessein serait dépendant de quelque circonstance ou de quelque condition.

298. Le guet-apens consiste à attendre plus ou moins de temps, dans un ou divers lieux, un individu, soit pour lui donner la mort, soit pour exercer sur lui des actes de violence.

299. Est qualifié parricide le meurtre des pères ou mères légitimes, naturels ou adoptifs, ou de tout autre ascendant légitime.

300. Est qualifié infanticide le meurtre d'un enfant nouveau-né.

301. Est qualifié empoisonnement tout attentat à la vie d'une personne, par l'effet de substances qui peuvent donner la mort plus ou moins promptement, de quelque manière que ces substances aient été employées ou administrées, et quelles qu'en aient été les suites.

302. Tout coupable d'assassinat, de parricide, d'infanticide et d'empoisonnement, sera puni de mort, sans préjudice de la disposition particulière contenue en l'article 13, relativement au parricide.

303. Seront punis, comme coupables d'assassinat, tous malfaiteurs, quelle que soit leur dénomination, qui, pour l'exécution de leurs crimes, emploient des tortures ou commettent des actes de barbarie.

304. « Le meurtre emportera la peine de mort, lorsqu'il aura précédé, accompagné ou suivi un autre crime. — Le meurtre emportera également la peine de mort, lorsqu'il aura eu pour objet, soit de préparer, faciliter ou exécuter un délit, soit de favoriser la fuite ou d'assurer l'impunité des auteurs ou complices de ce délit. — En tout autre cas, le coupable de meurtre sera puni des travaux forcés à perpétuité. »

§ 2. — Menaces.

305. Quiconque aura menacé, par écrit anonyme ou signé, d'assassinat, d'empoisonnement, ou de tout autre attentat contre les personnes qui serait punissable de la peine de mort, des travaux forcés à perpétuité ou de la déportation, sera puni de la peine des travaux forcés à temps, dans le cas où la menace aurait été faite avec ordre de déposer une somme d'argent dans un lieu indiqué, ou de remplir toute autre condition.

306. Si cette menace n'a été accompagnée d'aucun ordre ou condition, la peine sera d'un emprisonnement de deux ans au moins et de cinq ans au plus, et d'une amende de cent francs à six cents francs.

307. Si la menace faite avec ordre ou sous condition a été verbale, le coupable sera puni d'un emprisonnement de six mois à deux ans, et d'une amende de vingt-cinq francs à trois cents francs.

308. Dans les cas prévus par les deux précédents articles, le coupable pourra de plus être mis, par l'arrêt ou le jugement, sous la surveillance de la haute police, pour cinq ans au moins et dix ans au plus.

ARRÊTS ET JURISPRUDENCE DE LA COUR DE CASSATION.	ARRÊTS ET JURISPRUDENCE DE LA COUR IMPÉRIALE DU RESSORT.

JUGEMENTS ET JURISPRUDENCE DU TRIBUNAL CIVIL DU RESSORT.

OBSERVATIONS DIVERSES.

309. Sera puni de la réclusion, tout individu qui, volontairement, aura fait des blessures ou porté des coups, s'il est résulté de ces sortes de violences une maladie ou incapacité de travail personnel pendant plus de vingt jours. — « Si les coups portés ou les blessures faites volontairement, mais sans intention de donner la mort, l'ont pourtant occasionnée, le coupable sera puni de la peine des travaux forcés à temps.

310. « Lorsqu'il y aura eu préméditation ou guet-apens, la peine sera, si la mort s'en est suivie, celle des travaux forcés à perpétuité, et si la mort ne s'en est pas suivie, celle des travaux forcés à temps. »

311. « Lorsque les blessures ou les coups n'auront occasionné aucune maladie ou incapacité de travail personnel de l'espèce mentionnée en l'article 309, le coupable sera puni d'un emprisonnement de six jours à deux ans, et d'une amende de seize francs à deux cents francs, ou de l'une de ces deux peines seulement. — S'il y a eu préméditation ou guet-apens, l'emprisonnement sera de deux ans à cinq ans, et l'amende de cinquante francs à cinq cents francs. »

312. Dans les cas prévus par les articles 309, 310 et 311, si le coupable a commis le crime envers ses père ou mère légitimes, naturels ou adoptifs, ou autres ascendants légitimes, il sera puni ainsi qu'il suit : — Si l'article auquel le cas se référera prononce l'emprisonnement et l'amende, le coupable subira la peine de la réclusion ; — Si l'article prononce la peine de la réclusion, il subira celle des travaux forcés à temps ; — Si l'article prononce la peine des travaux forcés à temps, il subira celle des travaux forcés à perpétuité.

313. Les crimes et les délits prévus dans la présente section et dans la section précédente, s'ils sont commis en réunion séditieuse, avec rébellion ou pillage, sont imputables aux chefs, auteurs, instigateurs et provocateurs de ces réunions, rébellions ou pillages, qui seront punis, comme coupables de ces crimes ou de ces délits, et condamnés aux mêmes peines que ceux qui les auront personnellement commis.

314. Tout individu qui aura fabriqué ou débité des stylets, tromblons, ou quelque espèce que ce soit d'armes prohibées par la loi ou par des règlements d'administration publique, sera puni d'un emprisonnement de six jours à six mois. — Celui qui sera porteur desdites armes sera puni d'une amende de seize francs à deux cents francs. — Dans l'un et l'autre cas, les armes seront confisquées. — Le tout sans préjudice de plus forte peine, s'il y échet, en cas de complicité de crime.

315. Outre les peines correctionnelles mentionnées dans les articles précédents, les tribunaux pourront prononcer le renvoi sous la surveillance de la haute police depuis deux ans jusqu'à dix ans.

316. Toute personne coupable du crime de castration subira la peine des travaux forcés à perpétuité. — Si la mort en est résultée avant l'expiration des quarante jours qui auront suivi le crime, le coupable subira la peine de mort.

317. Quiconque, par aliments, breuvages, médicaments, violences, ou par tout autre moyen, aura procuré l'avortement d'une femme enceinte, soit qu'elle y ait consenti ou non, sera puni de la réclusion. — La même peine sera prononcée contre la femme qui se sera procuré l'avortement à elle-même, ou qui aura consenti à faire usage des moyens à elle indiqués ou administrés à cet effet, si l'avortement s'en est suivi. — Les médecins, chirurgiens et autres officiers de santé, ainsi que les pharmaciens, qui auront indiqué ou administré ces moyens, seront condamnés à la peine des travaux forcés à temps, dans le cas où l'avortement aurait eu lieu. — « Celui qui aura occasionné à autrui une maladie ou incapacité de travail personnel, en lui administrant volontairement, de quelque manière que ce soit, des substances qui, sans être de nature à donner la mort, sont nuisibles à la santé, sera puni d'un emprisonnement d'un mois à cinq ans, et d'une amende de seize francs à cinq cents francs ; il pourra de plus être renvoyé sous la surveillance de la haute police pendant deux ans au moins et dix ans au plus. — Si la maladie ou incapacité de travail personnel a duré plus de vingt jours, la peine sera celle de la réclusion. — Si le coupable a commis, soit le délit, soit le crime, spécifiés aux deux paragraphes ci-dessus, envers un de ses ascendants, tels qu'ils sont désignés en l'article 312, il sera puni, au premier cas, de la réclusion,

et au second cas, des travaux forcés à temps. »

318. Quiconque aura vendu ou débité des boissons falsifiées, contenant des mixtions nuisibles à la santé, sera puni d'un emprisonnement de six jours à deux ans, et d'une amende de seize francs à cinq cents francs. — Seront saisies et confisquées les boissons falsifiées trouvées appartenir au vendeur ou débitant.

§ 1. — *Homicide, blessures et coups involontaires.*

319. Quiconque, par maladresse, imprudence, inattention, négligence ou inobservation des règlements, aura commis involontairement un homicide ou en aura involontairement été la cause, sera puni d'un emprisonnement de trois mois à deux ans, et d'une amende de cinquante francs à six cents francs.

320. S'il n'est résulté du défaut d'adresse ou de précaution que des blessures ou coups, l'emprisonnement sera de six jours à deux mois, et l'amende sera de seize francs à cent francs.

§ 2. — *Crimes et délits excusables, et cas où ils ne peuvent être excusés.*

321. Le meurtre ainsi que les blessures et les coups sont excusables, s'ils ont été provoqués par des coups ou violences graves envers les personnes.

322. Les crimes et délits mentionnés au précédent article sont également excusables, s'ils ont été commis en repoussant pendant le jour l'escalade ou l'effraction des clôtures, murs ou entrée d'une maison ou d'un appartement habité ou de leurs dépendances. — Si le fait est arrivé pendant la nuit, ce cas est réglé par l'article 329.

323. Le parricide n'est jamais excusable.

324. Le meurtre commis par l'époux sur l'épouse, ou par celle-ci sur son époux, n'est pas excusable, si la vie de l'époux ou de l'épouse qui a commis le meurtre n'a pas été mise en péril dans le moment même où le meurtre a eu lieu. — Néanmoins, dans le cas d'adultère prévu par l'article 336, le meurtre commis par l'époux sur son épouse, ainsi que sur le complice, à l'in-

ARRÊTS ET JURISPRUDENCE DE LA COUR DE CASSATION.	ARRÊTS ET JURISPRUDENCE DE LA COUR IMPÉRIALE DU RESSORT.

JUGEMENT ET JURISPRUDENCE DU TRIBUNAL CIVIL DU RESSORT.

OBSERVATIONS DIVERSES.

stant où il les surprend en flagrant délit dans la maison conjugale, est excusable.

325. Le crime de castration, s'il a été immédiatement provoqué par un outrage violent à la pudeur, sera considéré comme meurtre ou blessures excusables.

326. Lorsque le fait d'excuse sera prouvé,— S'il s'agit d'un crime emportant la peine de mort, ou celle des travaux forcés à perpétuité, ou celle de la déportation, la peine sera réduite à un emprisonnement d'un an à cinq ans; — S'il s'agit de tout autre crime, elle sera réduite à un emprisonnement de six mois à deux ans. — Dans ces deux premiers cas, les coupables pourront de plus être mis par l'arrêt ou le jugement sous la surveillance de la haute police pendant cinq ans au moins et dix ans au plus. — S'il s'agit d'un délit, la peine sera réduite à un emprisonnement de six jours à six mois.

§ 3. — *Homicide, blessures et coups non qualifiés crimes ni délits.*

327. Il n'y a ni crime ni délit, lorsque l'homicide, les blessures et les coups étaient ordonnés par la loi et commandés par l'autorité légitime.

328. Il n'y a ni crime ni délit, lorsque l'homicide, les blessures et les coups étaient commandés par la nécessité actuelle de la légitime défense de soi-même ou d'autrui.

329. Sont compris dans les cas de nécessité actuelle de défense, les deux cas suivants : — 1° Si l'homicide a été commis, si les blessures ont été faites, ou si les coups ont été portés en repoussant, pendant la nuit, l'escalade ou l'effraction des clôtures, murs ou entrée d'une maison ou d'un appartement habité ou de leurs dépendances ; — 2° Si le fait a eu lieu en se défendant contre les auteurs de vols ou de pillages exécutés avec violence.

SECT. IV. — *Attentats aux mœurs.*

330. Toute personne qui aura commis un outrage public à la pudeur sera punie d'un emprisonnement de trois mois à un an, et d'une amende de seize francs à deux cents francs.

331. « Tout attentat à la pudeur, consommé ou tenté sans violence sur la personne d'un enfant de l'un ou de l'autre sexe, âgé de moins de onze ans, sera puni de la réclusion. »

332. « Quiconque aura commis le crime de viol sera puni des travaux forcés à temps. — Si le crime a été commis sur la personne d'un enfant au-dessous de l'âge de quinze ans accomplis, le coupable subira le *maximum* de la peine des travaux forcés à temps. — Quiconque aura commis un attentat à la pudeur, consommé ou tenté avec violence contre des individus de l'un ou de l'autre sexe, sera puni de la réclusion. — Si le crime a été commis sur la personne d'un enfant au-dessous de l'âge de quinze ans accomplis, le coupable subira la peine des travaux forcés à temps. »

333. « Si les coupables sont les ascendants de la personne sur laquelle a été commis l'attentat, s'ils sont de la classe de ceux qui ont autorité sur elle, s'ils sont ses instituteurs ou ses serviteurs à gages, ou serviteurs à gages des personnes ci-dessus désignées, s'ils sont fonctionnaires ou ministres d'un culte, ou si le coupable, quel qu'il soit, a été aidé dans son crime par une ou plusieurs personnes, la peine sera celle des travaux forcés à temps, dans les cas prévus par l'article 331, et des travaux forcés à perpétuité, dans les cas prévus par l'article précédent. »

334. Quiconque aura attenté aux mœurs, en excitant, favorisant ou facilitant habituellement la débauche ou la corruption de la jeunesse de l'un ou de l'autre sexe, au-dessous de l'âge de vingt et un ans, sera puni d'un emprisonnement de six mois à deux ans, et d'une amende de cinquante francs à cinq cents francs. — Si la prostitution ou la corruption a été excitée, favorisée ou facilitée par leurs pères, mères, tuteurs, ou autres personnes chargées de leur surveillance, la peine sera de deux ans à cinq ans d'emprisonnement, et de trois cents francs à mille francs d'amende.

335. Les coupables du délit mentionné au précédent article seront interdits de toute tutelle ou curatelle, et de toute participation aux conseils de famille ; savoir : les individus auxquels s'applique le premier paragraphe de cet article, pendant deux ans au moins et cinq ans au plus, et ceux dont il est parlé au second paragraphe, pendant dix ans au moins et vingt ans au plus.—Si le délit a été commis par le père ou la mère, le coupable sera de plus privé des droits et avantages à lui accordés sur la personne et les biens de l'enfant par le Code Napoléon, livre Iᵉʳ, titre IX, *de la Puissance paternelle* (art. 384). — Dans tous les cas, les coupables pourront de plus être mis, par l'arrêt ou le jugement, sous la surveillance de la haute police, en observant, pour la durée de la surveillance, ce qui vient d'être établi pour la durée de l'interdiction mentionnée au présent article.

336. L'adultère de la femme ne pourra être dénoncé que par le mari ; cette faculté même cessera s'il est dans le cas prévu par l'article 339.

337. La femme convaincue d'adultère subira la peine de l'emprisonnement pendant trois mois au moins et deux ans au plus. — Le mari restera le maître d'arrêter l'effet de cette condamnation, en consentant à reprendre sa femme.

338. Le complice de la femme adultère sera puni de l'emprisonnement pendant le même espace de temps, et, en outre, d'une amende de cent francs à deux mille francs. — Les seules preuves qui pourront être admises contre le prévenu de complicité seront, outre le flagrant délit, celles résultant de lettres ou autres pièces écrites par le prévenu.

339. Le mari qui aura entretenu une concubine dans la maison conjugale, et qui aura été convaincu sur la plainte de la femme, sera puni d'une amende de cent francs à deux mille francs.

340. Quiconque étant engagé dans les liens du mariage en aura contracté un autre avant la dissolution du précédent, sera puni de la peine des travaux forcés à temps. — L'officier public qui aura prêté son ministère à ce mariage, connaissant l'existence du précédent, sera condamné à la même peine.

SECT. V. — *Arrestations illégales et séquestrations de personnes.*

341. Seront puni de la peine des travaux forcés à temps ceux qui, sans ordre des autorités constituées et hors les cas où la loi ordonne de saisir des prévenus, auront arrêté, détenu ou séquestré des personnes quelconques. — Quiconque aura prêté un lieu pour exécuter la détention ou séquestration subira la même peine.

342. Si la détention ou séquestration a duré plus d'un mois, la peine sera celle des travaux forcés à perpétuité.

343. La peine sera réduite à l'emprisonne-

ARRÊTS ET JURISPRUDENCE DE LA COUR DE CASSATION.	ARRÊTS ET JURISPRUDENCE DE LA COUR IMPÉRIALE DU RESSORT.

JUGEMENTS ET JURISPRUDENCE DU TRIBUNAL CIVIL DU RESSORT.

OBSERVATIONS DIVERSES.

ment de deux ans à cinq ans, si les coupables des délits mentionnés en l'article 341, non encore poursuivis de fait, ont rendu la liberté à la personne arrêtée, séquestrée ou détenue, avant le dixième jour accompli depuis celui de l'arrestation, détention ou séquestration. Ils pourront néanmoins être renvoyés sous la surveillance de la haute police, depuis cinq ans jusqu'à dix ans.

344. « Dans chacun des deux cas suivants : — 1° Si l'arrestation a été exécutée avec le faux costume, sous un faux nom, ou sur un faux ordre de l'autorité publique ; — 2° Si l'individu arrêté, détenu ou séquestré, a été menacé de la mort ; — Les coupables seront punis des travaux forcés à perpétuité. — Mais la peine sera celle de la mort, si les personnes arrêtées, détenues ou séquestrées, ont été soumises à des tortures corporelles.

SECT. VI. — *Crimes et délits tendant à empêcher ou détruire la preuve de l'état civil d'un enfant, ou à compromettre son existence. Enlèvement de mineurs. Infraction aux lois sur les inhumations.*

§ 1. — Crimes et délits envers l'enfant.

345. Les coupables d'enlèvement, de recélé ou de suppression d'un enfant, de substitution d'un enfant à un autre, ou de supposition d'un enfant à une femme qui ne sera pas accouchée, seront punis de la réclusion. — La même peine aura lieu contre ceux qui, étant chargés d'un enfant, ne le représenteront point aux personnes qui ont le droit de le réclamer.

346. Toute personne qui, ayant assisté à un accouchement, n'aura pas fait la déclaration à elle prescrite par l'article 56 du Code Napoléon, et dans les délais fixés par l'article 55 du même Code, sera punie d'un emprisonnement de six jours à six mois, et d'une amende de seize francs à trois cents francs.

347. Toute personne qui, ayant trouvé un enfant nouveau-né, ne l'aura pas remis à l'officier de l'état civil, ainsi qu'il est prescrit par l'article 58 du Code Napoléon, sera punie des peines portées au précédent article. — La présente disposition n'est point applicable à celui qui aurait consenti à se charger de l'enfant, et qui aurait fait sa déclaration à cet égard devant la municipalité du lieu où l'enfant a été trouvé.

348. Ceux qui auront porté à un hospice un enfant au-dessous de l'âge de sept ans accomplis, qui leur aurait été confié afin qu'ils en prissent soin ou pour toute autre cause, seront punis d'un emprisonnement de six semaines à six mois, et d'une amende de seize francs à cinquante francs. — Toutefois, aucune peine ne sera prononcée, s'ils n'étaient pas tenus ou ne s'étaient pas obligés de pourvoir gratuitement à la nourriture et à l'entretien de l'enfant, et si personne n'y avait pourvu.

349. Ceux qui auront exposé et délaissé en un lieu solitaire un enfant au-dessous de l'âge de sept ans accomplis, ceux qui auront donné l'ordre de l'exposer ainsi, si cet ordre a été exécuté, seront, pour ce seul fait, condamnés à un emprisonnement de six mois à deux ans, et à une amende de seize francs à deux cents francs.

350. La peine portée au précédent article sera de deux ans à cinq ans, et l'amende de cinquante francs à quatre cents francs, contre les tuteurs ou tutrices, instituteurs ou institutrices de l'enfant exposé et délaissé par eux ou par leur ordre.

351. Si, par suite de l'exposition et du délaissement prévu par les articles 349 et 350, l'enfant est demeuré mutilé ou estropié, l'action sera considérée comme blessures volontaires à lui faites par la personne qui l'a exposé et délaissé ; et si la mort s'en est suivie, l'action sera considérée comme meurtre : au premier cas, les coupables subiront la peine applicable aux blessures volontaires ; et au second cas celle du meurtre.

352. Ceux qui auront exposé et délaissé en un lieu non solitaire un enfant au-dessous de l'âge de sept ans accomplis, seront punis d'un emprisonnement de trois mois à un an, et d'une amende de seize francs à cent francs.

353. Le délit prévu par le précédent article sera puni d'un emprisonnement de six mois à deux ans, et d'une amende de ving-cinq francs à deux cents francs, s'il a été commis par les tuteurs ou tutrices, instituteurs ou institutrices de l'enfant.

§ 2. — Enlèvement de mineurs.

354. Quiconque aura, par fraude ou par violence, enlevé ou fait enlever des mineurs, ou les aura entraînés, détournés ou déplacés, ou les

aura fait entraîner, détourner ou déplacer des lieux où ils étaient mis par ceux à l'autorité ou à la direction desquels ils étaient soumis ou confiés, subira la peine de la réclusion.

355. Si la personne ainsi enlevée ou détournée est une fille au-dessous de seize ans accomplis, la peine sera celle des travaux forcés à temps.

356. Quand la fille au-dessous de seize ans aurait consenti à son enlèvement ou suivi volontairement le ravisseur, si celui-ci était majeur de vingt-un ans ou au-dessus, il sera condamné aux travaux forcés à temps. — Si le ravisseur n'avait pas encore vingt-un ans, il sera puni d'un emprisonnement de deux à cinq ans.

357. Dans le cas où le ravisseur aurait épousé la fille qu'il a enlevée, il ne pourra être poursuivi que sur la plainte des personnes qui, d'après le Code Napoléon, ont le droit de demander la nullité du mariage, ni condamné qu'après que la nullité du mariage aura été prononcée.

§ 3. — Infractions aux lois sur les inhumations.

358. Ceux qui, sans l'autorisation préalable de l'officier public, dans le cas où elle est prescrite, auront fait inhumer un individu décédé, seront punis de six jours à deux mois d'emprisonnement, et d'une amende de seize francs à cinquante francs ; sans préjudice de la poursuite des crimes dont les auteurs de ce délit pourraient être prévenus dans cette circonstance. — La même peine aura lieu contre ceux qui auront contrevenu, de quelque manière que ce soit, à la loi et aux règlements relatifs aux inhumations précipitées.

359. Quiconque aura recélé ou caché le cadavre d'une personne homicidée, ou morte des suites de coups ou blessures, sera puni d'un emprisonnement de six mois à deux ans, et d'une amende de cinquante francs à quatre cents francs ; sans préjudice de peines plus graves, s'il a participé au crime.

360. Sera puni d'un emprisonnement de trois mois à un an, et de seize francs à deux cents francs d'amende, quiconque se sera rendu coupable de violation de tombeaux ou de sépultures ; sans préjudice des peines contre les crimes ou délits qui seraient joints à celui-ci.

<table>
<tr><td>ARRÊTS ET JURISPRUDENCE DE LA COUR
DE CASSATION.</td><td>ARRÊTS ET JURISPRUDENCE DE LA COUR IMPÉRIALE
DU RESSORT.</td></tr>
</table>

JUGEMENTS ET JURISPRUDENCE DU TRIBUNAL CIVIL DU RESSORT.

OBSERVATIONS DIVERSES.

SECT. VII. — *Faux témoignage, calomnie, injures, révélation de secrets.*

§ 1. — Faux témoignage.

361. Quiconque sera coupable de faux témoignage en matière criminelle, soit contre l'accusé, soit en sa faveur, sera puni de la peine des travaux forcés à temps. — Si néanmoins l'accusé a été condamné à une peine plus forte que celle des travaux forcés à temps, le faux témoin qui a déposé contre lui subira la même peine.

362. « Quiconque sera coupable de faux témoignage en matière correctionnelle, soit contre le prévenu, soit en sa faveur, sera puni de la réclusion. — Quiconque sera coupable de faux témoignage en matière de police, soit contre le prévenu, soit en sa faveur, sera puni de la dégradation civique et de la peine de l'emprisonnement pour un an au moins et cinq ans au plus. »

363. « Le coupable de faux témoignage, en matière civile, sera puni de la peine de la réclusion. »

364. « Le faux témoin en matière correctionnelle ou civile, qui aura reçu de l'argent, une récompense quelconque ou des promesses, sera puni des travaux forcés à temps. — Le faux témoin en matière de police, qui aura reçu de l'argent, une récompense quelconque ou des promesses, sera puni de la réclusion. — Dans tous les cas, ce que le faux témoin aura reçu sera confisqué. »

365. « Le coupable de subornation de témoins sera passible des mêmes peines que le faux témoin, selon les distinctions contenues dans les articles 361, 362, 363 et 364. »

366. Celui à qui le serment aura été déféré ou référé en matière civile, et qui aura fait un faux serment, sera puni de la dégradation civique.

§ 2. — Calomnie, injures, révélation de secrets.

367 à **372.** *Abrogés par la loi du 17 mai 1819.*

373. Quiconque aura fait par écrit une dénonciation calomnieuse, contre un ou plusieurs individus, aux officiers de justice ou de police administrative ou judiciaire, sera puni d'un emprisonnement d'un mois à un an, et d'une amende de cent francs à trois mille francs.

374 à **375.** *Abrogés par la loi du 17 mai 1819.*

376. Toutes autres injures ou expressions outrageantes, qui n'auront pas eu ce double caractère de gravité et de publicité, ne donneront lieu qu'à des peines de simple police.

377. *Abrogé par la loi du 17 mai 1819.*

378. Les médecins, chirurgiens et autres officiers de santé, ainsi que les pharmaciens, les sages-femmes et toutes autres personnes dépositaires, par état ou profession, des secrets qu'on leur confie, qui, hors le cas où la loi les oblige à se porter dénonciateurs, auront révélé ces secrets, seront punis d'un emprisonnement d'un mois à six mois, et d'une amende de cent francs à cinq cents francs.

CHAP. II. — CRIMES ET DÉLITS CONTRE LES PROPRIÉTÉS.

(Loi décrétée le 19 février 1810. Promulguée le 1er mars suivant.)

SECT. I. — *Vols.*

379. Quiconque a soustrait frauduleusement une chose qui ne lui appartient pas est coupable de vol.

380. Les soustractions commises par des maris au préjudice de leurs femmes, par des femmes au préjudice de leurs maris, par un veuf ou une veuve quant aux choses qui avaient appartenu à l'époux décédé, par des enfants ou autres descendants au préjudice de leurs pères ou mères ou autres ascendants, par des pères et mères ou autres ascendants au préjudice de leurs enfants ou autres descendants, ou par des alliés aux mêmes degrés, ne pourront donner lieu qu'à des réparations civiles. — A l'égard de tous autres individus qui auraient recélé ou appliqué à leur profit tout ou partie des objets volés, ils seront punis comme coupables de vol.

381. « Seront punis des travaux forcés à perpétuité les individus coupables de vols commis avec la réunion des cinq circonstances suivantes : — 1° Si le vol a été commis la nuit ; — 2° S'il a été commis par deux ou plusieurs personnes ; — 3° Si les coupables ou l'un d'eux étaient porteurs d'armes apparentes ou cachées ;

— 4° S'ils ont commis le crime, soit à l'aide d'effraction extérieure, ou d'escalade, ou de fausses clefs, dans une maison, appartement, chambre ou logement habités, ou servant à l'habitation, ou leurs dépendances, soit en prenant le titre d'un fonctionnaire public ou d'un officier civil ou militaire, ou après s'être revêtus de l'uniforme ou du costume du fonctionnaire ou de l'officier, ou en alléguant un faux ordre de l'autorité civile ou militaire ; — 5° S'ils ont commis le crime avec violence ou menace de faire usage de leurs armes. »

382. « Sera puni de la peine des travaux forcés à temps, tout individu coupable de vol commis à l'aide de violence, et, de plus, avec deux des quatre premières circonstances prévues par le précédent article. — Si même la violence à l'aide de laquelle le vol a été commis a laissé des traces de blessures ou de contusions, cette circonstance seule suffira pour que la peine des travaux forcés à perpétuité soit prononcée. »

383. « Les vols commis sur les chemins publics emporteront la peine des travaux forcés à perpétuité, lorsqu'ils auront été commis avec deux des circonstances prévues dans l'article 381. — Ils emporteront la peine des travaux forcés à temps, lorsqu'ils auront été commis avec une seule de ces circonstances. — Dans les autres cas, la peine sera celle de la réclusion. »

384. Sera puni de la peine des travaux forcés à temps, tout individu coupable de vol commis à l'aide d'un des moyens énoncés dans le n° 4 de l'article 381, même quoique l'effraction, l'escalade et l'usage des fausses clefs, aient eu lieu dans des édifices, parcs ou enclos non servant à l'habitation et non dépendants des maisons habitées, et lors même que l'effraction n'aurait été qu'intérieure.

385. Sera également puni de la peine des travaux forcés à temps, tout individu coupable de vol commis, soit avec violence, lorsqu'elle n'aura laissé aucune trace de blessure ou de contusion et qu'elle ne sera accompagnée d'aucune autre circonstance, soit sans violence, mais avec la réunion des trois circonstances suivantes : — 1° Si le vol a été commis la nuit ; — 2° S'il a été commis par deux ou plusieurs personnes ; — 3° Si le coupable, ou l'un des coupables, était porteur d'armes apparentes ou cachées.

386. « Sera puni de la peine de la réclusion tout individu coupable de vol commis dans l'un

ARRÊTS ET JURISPRUDENCE DE LA COUR DE CASSATION.	ARRÊTS ET JURISPRUDENCE DE LA COUR IMPÉRIALE DU RESSORT.

JUGEMENTS ET JURISPRUDENCE DU TRIBUNAL CIVIL DU RESSORT.

OBSERVATIONS DIVERSES.

des cas ci-après : — 1° Si le vol a été commis la nuit, et par deux ou plusieurs personnes, ou s'il a été commis avec une de ces deux circonstances seulement, mais en même temps dans un lieu habité ou servant à l'habitation, ou dans les édifices consacrés aux cultes légalement établis en France ; — 2° Si le coupable, ou l'un des coupables, était porteur d'armes apparentes ou cachées, même quoique le lieu où le vol a été commis ne fût ni habité ni servant à l'habitation, et encore quoique le vol ait été commis le jour et par une seule personne ; — 3° Si le voleur est un domestique ou un homme de service à gages, même lorsqu'il aura commis le vol envers des personnes qu'il ne servait pas, mais qui se trouvaient, soit dans la maison de son maître, soit dans celle où il l'accompagnait ; ou si c'est un ouvrier, compagnon ou apprenti, dans la maison, l'atelier ou le magasin de son maître ; ou un individu travaillant habituellement dans l'habitation où il aura volé. — Si le vol a été commis par un aubergiste, un hôtelier, un voiturier, un batelier ou un de leurs préposés, lorsqu'ils auront volé tout ou partie des choses qui leur étaient confiées à ce titre. »

387. Les voituriers, bateliers ou leurs préposés, qui auront altéré des vins ou toute autre espèce de liquides ou de marchandises dont le transport leur avait été confié, et qui auront commis cette altération par le mélange de substances malfaisantes, seront punis de la peine portée au précédent article. — S'il n'y a pas eu mélange de substances malfaisantes, la peine sera un emprisonnement d'un mois à un an, et une amende de seize francs à cent francs.

388. « Quiconque aura volé ou tenté de voler, dans les champs, des chevaux ou bêtes de charge, de voiture ou de monture, gros et menus bestiaux, ou des instruments d'agriculture, sera puni d'un emprisonnement d'un an au moins et de cinq ans au plus, et d'une amende de seize francs à cinq cents francs. — Il en sera de même à l'égard des vols de bois dans les ventes, et de pierres dans les carrières, ainsi qu'à l'égard du vol de poisson en étang, vivier ou réservoir. — Quiconque aura volé ou tenté de voler, dans les champs, des récoltes ou autres productions utiles de la terre, déjà détachées du sol, ou des meules de grains faisant partie de récoltes, sera puni d'un emprisonnement de quinze jours à deux ans, et d'une amende de seize francs à deux

cents francs. — Si le vol a été commis, soit la nuit, soit par plusieurs personnes, soit à l'aide de voitures ou d'animaux de charge, l'emprisonnement sera d'un an à cinq ans, et l'amende de seize francs à cinq cents francs. — Lorsque le vol ou la tentative de vol de récoltes ou autres productions utiles de la terre, qui, avant d'être soustraites, n'étaient pas encore détachées du sol, aura eu lieu, soit avec des paniers ou des sacs ou autres objets équivalents, soit la nuit, soit à l'aide de voitures ou d'animaux de charge, soit par plusieurs personnes, la peine sera d'un emprisonnement de quinze jours à deux ans, et d'une amende de seize francs à deux cents francs. — Dans tous les cas spécifiés au présent article, lescoupables pourront, indépendamment de la peine principale, être interdits de tout ou partie des droits mentionnés en l'article 42, pendant cinq ans au moins et dix ans au plus, à compter du jour où ils auront subi leur peine. Ils pourront aussi être mis, par l'arrêt ou le jugement, sous la surveillance de la haute police pendant le même nombre d'années. »

389. « Sera puni de la reclusion celui qui, pour commettre un vol, aura enlevé ou déplacé des bornes servant de séparation aux propriétés. »

390. Est réputé *maison habitée*, tout bâtiment, logement, loge, cabane, même mobile, qui, sans être actuellement habité, est destiné à l'habitation, et tout ce qui en dépend, comme cours, basses-cours, granges, écuries, édifices qui y sont enfermés, quel qu'en soit l'usage, et quand même ils auraient une clôture particulière dans la clôture ou enceinte générale.

391. Est réputé *parc ou enclos*, tout terrain environné de fossés, de pieux, de claies, de planches, de haies vives ou sèches, ou de murs de quelque espèce de matériaux que ce soit, quelles que soient la hauteur, la profondeur, la vétusté, la dégradation de ces diverses clôtures, quand il n'y aurait pas de porte fermant à clef ou autrement, ou quand la porte serait à claire-voie et ouverte habituellement.

392. Les parcs mobiles destinés à contenir du bétail dans la campagne, de quelque matière qu'ils soient faits, sont aussi réputés enclos ; et, lorsqu'ils tiennent aux cabanes mobiles ou autres abris destinés aux gardiens, ils sont réputés dépendants de maison habitée.

393. Est qualifié *effraction*, tout forcement, rupture, dégradation, démolition, enlèvement de murs, toits, planchers, portes, fenêtres, serrures, cadenas, ou autres ustensiles ou instruments servant à fermer ou à empêcher le passage, et de toute espèce de clôture, quelle qu'elle soit.

394. Les effractions sont extérieures ou intérieures.

395. Les effractions extérieures sont celles à l'aide desquelles on peut s'introduire dans les maisons, cours, basses-cours, enclos ou dépendances, ou dans les appartements ou logements particuliers.

396. Les effractions intérieures sont celles qui, après l'introduction dans les lieux mentionnés en l'article précédent, sont faites aux portes ou clôtures du dedans, ainsi qu'aux armoires ou autres meubles fermés. — Est compris dans la classe des effractions intérieures, le simple enlèvement des caisses, boîtes, ballots sous toile et corde, et autres meubles fermés, qui contiennent des effets quelconques, bien que l'effraction n'ait pas été faite sur le lieu.

397. Est qualifiée *escalade*, toute entrée dans les maisons, bâtiments, cours, basses-cours, édifices quelconques, jardins, parcs et enclos, exécutés par dessus les murs, portes, toitures ou toute autre clôture. — L'entrée par une ouverture souterraine, autre que celle qui a été établie pour servir d'entrée, est une circonstance de même gravité que l'escalade.

398. Sont qualifiés *fausses clefs*, tous crochets, rossignols, passe-partout, clefs imitées, contrefaites, altérées, ou qui n'ont pas été destinées par le propriétaire, locataire, aubergiste ou logeur, aux serrures, cadenas, ou aux fermetures quelconques auxquelles le coupable les aura employées.

399. Quiconque aura contrefait ou altéré des clefs sera condamné à un emprisonnement de trois mois à deux ans, et à une amende de vingt-cinq francs à cent cinquante francs. — Si le coupable est un serrurier de profession, il sera puni de la reclusion. — Le tout sans préjudice de plus fortes peines, s'il y échet, en cas de complicité de crime.

400. Quiconque aura extorqué par force, violence ou contrainte, la signature ou la remise d'un écrit, d'un acte, d'un titre, d'une pièce quelconque contenant ou opérant obligation,

<table>
<tr><td>ARRÊTS ET JURISPRUDENCE DE LA COUR
DE CASSATION.</td><td>ARRÊTS ET JURISPRUDENCE DE LA COUR IMPÉRIALE
DU RESSORT.</td></tr>
</table>

JUGEMENTS ET JURISPRUDENCE DU TRIBUNAL CIVIL DU RESSORT.

OBSERVATIONS DIVERSES.

disposition ou décharge, sera puni de la peine des travaux forcés à temps. — « Le saisi qui aura détruit, détourné ou tenté de détourner des objets saisis sur lui et confiés à sa garde, sera puni des peines portées en l'article 406. — Il sera puni des peines portées en l'article 401, si la garde des objets saisis et par lui détruits ou détournés avait été confiée à un tiers. — Celui qui aura recélé sciemment les objets détournés, le conjoint, les ascendants et descendants du saisi qui l'auront aidé dans la destruction ou le détournement de ces objets, seront punis d'une peine égale à celle qu'il aura encourue. »

401. Les autres vols non spécifiés dans la présente section, les larcins et filouteries, ainsi que les tentatives de ces mêmes délits, seront punis d'un emprisonnement d'un an au moins et de cinq ans au plus, et pourront même l'être d'une amende qui sera de seize francs au moins et de cinq cents francs au plus. — Les coupables pourront encore être interdits des droits mentionnés en l'article 42 du présent Code, pendant cinq ans au moins et dix ans au plus, à compter du jour où ils auront subi leur peine. — Ils pourront aussi être mis, par l'arrêt ou le jugement, sous la surveillance de la haute police pendant le même nombre d'années.

SECT. II. — *Banqueroutes, escroqueries et autres espèces de fraude.*

§ 1. — Banqueroute et escroquerie.

402. Ceux qui, dans les cas prévus par le Code de commerce, seront déclarés coupables de banqueroute, seront punis ainsi qu'il suit : — Les banqueroutiers frauduleux seront punis de la peine des travaux forcés à temps ; — Les banqueroutiers simples seront punis d'un emprisonnement d'un mois au moins et de deux ans au plus.

403. Ceux qui, conformément au Code de commerce, seront déclarés complices de banqueroute frauduleuse, seront punis de la même peine que les banqueroutiers frauduleux.

404. Les agents de change et courtiers qui auront fait faillite seront punis de la peine des travaux forcés à temps : s'ils sont convaincus de banqueroute frauduleuse, la peine sera celle des travaux forcés à perpétuité.

405. Quiconque, soit en faisant usage de faux noms ou de fausses qualités, soit en employant des manœuvres frauduleuses pour persuader l'existence de fausses entreprises, d'un pouvoir ou d'un crédit imaginaire, ou pour faire naître l'espérance ou la crainte d'un succès, d'un accident ou de tout autre événement chimérique, se sera fait remettre ou délivrer des fonds, des meubles ou des obligations, dispositions, billets, promesses, quittances ou décharges, et aura, par un de ces moyens, escroqué ou tenté d'escroquer la totalité ou partie de la fortune d'autrui, sera puni d'un emprisonnement d'un an au moins et de cinq ans au plus, et d'une amende de cinquante francs au moins et de trois mille francs au plus. — Le coupable pourra être, en outre, à compter du jour où il aura subi sa peine, interdit, pendant cinq ans au moins et dix ans au plus, des droits mentionnés en l'article 42 du présent Code : le tout sauf les peines plus graves, s'il y a crime de faux.

§ 2. — Abus de confiance.

406. Quiconque aura abusé des besoins, des faiblesses ou des passions d'un mineur, pour lui faire souscrire, à son préjudice, des obligations, quittances ou décharges, pour prêt d'argent ou de choses mobilières, ou d'effets de commerce, ou de tous autres effets obligatoires, sous quelque forme que cette négociation ait été faite ou déguisée, sera puni d'un emprisonnement de deux mois au moins, de deux ans au plus, et d'une amende qui ne pourra excéder le quart des restitutions et des dommages-intérêts qui seront dus aux parties lésées, ni être moindre de vingt-cinq francs. — La disposition portée au second paragraphe du précédent article pourra de plus être appliquée.

407. Quiconque, abusant d'un blanc-seing qui lui aura été confié, aura frauduleusement écrit au-dessus une obligation ou décharge, ou tout autre acte pouvant compromettre la personne ou la fortune du signataire, sera puni des peines portées en l'article 405. — Dans le cas où le blanc-seing ne lui aurait pas été confié, il sera poursuivi comme faussaire et puni comme tel.

408. « Quiconque aura détourné ou dissipé, au préjudice des propriétaires, possesseurs ou détenteurs, des effets, deniers, marchandises, billets, quittances ou tous autres écrits contenant ou opérant obligation ou décharge, qui ne lui auraient été remis qu'à titre de louage, de dépôt, de mandat, ou pour un travail salarié ou non salarié, à la charge de les rendre ou représenter, ou d'en faire un usage ou un emploi déterminé, sera puni des peines portées en l'article 406. — Si l'abus de confiance prévu et puni par le précédent paragraphe a été commis par un domestique, homme de service à gages, élève, clerc, commis, ouvrier, compagnon ou apprenti, au préjudice de son maître, la peine sera celle de la reclusion. — Le tout sans préjudice de ce qui est dit aux articles 254, 255 et 256, relativement aux soustractions et enlèvements de deniers, effets ou pièces, commis dans les dépôts publics. »

409. Quiconque, après avoir produit, dans une contestation judiciaire, quelque titre, pièce ou mémoire, l'aura soustrait de quelque manière que ce soit, sera puni d'une amende de vingt-cinq francs à trois cents francs. — Cette peine sera prononcée par le tribunal saisi de la contestation

§ 3. — Contravention aux règlements sur les maisons de jeu, les loteries et les maisons de prêts sur gages.

410. Ceux qui auront tenu une maison de jeux de hasard, et y auront admis le public, soit librement, soit sur la présentation des intéressés ou affiliés, les banquiers de cette maison, tous ceux qui auront établi ou tenu des loteries non autorisées par la loi, tous administrateurs, préposés ou agents de ces établissements, seront punis d'un emprisonnement de deux mois au moins et de six mois au plus, et d'une amende de cent francs à six mille francs. — Les coupables pourront être de plus, à compter du jour où ils auront subi leur peine, interdits, pendant cinq ans au moins et dix ans au plus, des droits mentionnés en l'article 42 du présent Code. — Dans tous les cas, seront confisqués tous les fonds ou effets qui seront trouvés exposés au jeu ou mis à la loterie, les meubles, instruments, ustensiles, appareils employés ou destinés au service des jeux ou des loteries, les meubles et les effets mobiliers dont les lieux seront garnis ou décorés.

411. Ceux qui auront établi ou tenu des maisons de prêts sur gages ou nantissement, sans autorisation légale, ou qui, ayant une autorisation, n'auront pas tenu un registre conforme aux règlements, contenant de suite, sans aucun

ARRÊTS ET JURISPRUDENCE DE LA COUR DE CASSATION.	ARRÊTS ET JURISPRUDENCE DE LA COUR IMPÉRIALE DU RESSORT.

JUGEMENTS ET JURISPRUDENCE DU TRIBUNAL CIVIL DU RESSORT.

OBSERVATIONS DIVERSES.

blanc ni interligne, les sommes ou les objets prêtés, les noms, domicile et profession des emprunteurs, la nature, la qualité, la valeur des objets mis en nantissement, seront punis d'un emprisonnement de quinze jours au moins, de trois mois au plus, et d'une amende de cent francs à deux mille francs.

§ 4. — **Entraves apportées à la liberté des enchères.**

112. Ceux qui, dans les adjudications de la propriété, de l'usufruit ou de la location des choses mobilières ou immobilières, d'une entreprise, d'une fourniture, d'une exploitation ou d'un service quelconque, auront entravé ou troublé la liberté des enchères ou des soumissions, par voies de fait, violences ou menaces, soit avant, soit pendant les enchères ou les soumissions, seront punis d'un emprisonnement de quinze jours au moins, de trois mois au plus, et d'une amende de cent francs au moins et de cinq mille francs au plus. — La même peine aura lieu contre ceux qui, par dons ou promesses, auront écarté les enchérisseurs.

§ 5. — **Violation des règlements relatifs aux manufactures, au commerce et aux arts.**

113. Toute violation des règlements d'administration publique, relatifs aux produits des manufactures françaises qui s'exporteront à l'étranger, et qui ont pour objet de garantir la bonne qualité, les dimensions et la nature de la fabrication, sera punie d'une amende de deux cents francs au moins, de trois mille francs au plus, et de la confiscation des marchandises. Ces deux peines pourront être prononcées cumulativement ou séparément, selon les circonstances.

114. « Sera punie d'un emprisonnement de six jours à trois mois et d'une amende de seize francs à trois mille francs : — 1° Toute coalition entre ceux qui font travailler des ouvriers, tendant à forcer l'abaissement des salaires, s'il y a eu tentative ou commencement d'exécution ; — 2° Toute coalition de la part des ouvriers pour faire cesser en même temps de travailler, interdire le travail dans un atelier, empêcher de s'y rendre avant ou après certaines heures, et, en général, pour suspendre, empêcher, enchérir les travaux, s'il y a eu tentative ou commencement d'exécution. — Dans les cas prévus par les deux paragraphes précédents, les chefs ou moteurs

seront punis d'un emprisonnement de deux ans à cinq ans. »

115. « Seront aussi punis des peines portées dans l'article précédent, et d'après les mêmes distinctions, les directeurs d'atelier ou entrepreneurs d'ouvrage et les ouvriers qui, de concert, auront prononcé des amendes autres que celles qui ont pour objet la discipline intérieure de l'atelier, des défenses, des interdictions, ou toutes proscriptions sous le nom de damnations ou sous quelque qualification que ce puisse être, soit de la part des directeurs d'atelier ou entrepreneurs contre les ouvriers, soit de la part de ceux-ci contre les directeurs d'atelier ou entrepreneurs, soit les uns contre les autres. »

116. « Dans les cas prévus par les deux articles précédents, les chefs ou moteurs pourront, après l'expiration de leur peine, être mis sous la surveillance de la haute police pendant deux ans au moins et cinq ans au plus. »

117. Quiconque, dans la vue de nuire à l'industrie française, aura fait passer en pays étranger des directeurs, commis, ou des ouvriers d'un établissement, sera puni d'un emprisonnement de six mois à deux ans, et d'une amende de cinquante francs à trois cents francs.

118. Tout directeur, commis, ouvrier de fabrique, qui aura communiqué à des étrangers ou à des Français résidant en pays étranger des secrets de la fabrique où il est employé, sera puni de la reclusion et d'une amende de cinq cents francs à vingt mille francs. — Si ces secrets ont été communiqués à des Français résidant en France, la peine sera d'un emprisonnement de trois mois à deux ans, et d'une amende de seize francs à deux cents francs.

119. Tous ceux qui, par des faits faux ou calomnieux semés à dessein dans le public, par des suroffres faites aux prix que demandaient les vendeurs eux-mêmes, par réunion ou coalition entre les principaux détenteurs d'une même marchandise ou denrée, tendant à ne la pas vendre ou à ne la vendre qu'à un certain prix, ou qui, par des voies ou moyens frauduleux quelconques, auront opéré la hausse ou la baisse du prix des denrées ou marchandises ou des papiers et effets publics, au-dessus ou au-dessous des prix qu'aurait déterminés la concurrence naturelle et libre du commerce, seront punis d'un emprisonnement d'un mois au moins, d'un an au plus, et d'une amende de cinq cents francs à dix

mille francs. Les coupables pourront de plus être mis, par l'arrêt ou le jugement, sous la surveillance de la haute police, pendant deux ans au moins et cinq ans au plus.

120. La peine sera d'un emprisonnement de deux mois au moins et de deux ans au plus, et d'une amende de mille francs à vingt mille francs, si ces manœuvres ont été pratiquées sur grains, grenailles, farines, substances farineuses, pain, vin, ou toute autre boisson. — La mise en surveillance qui pourra être prononcée sera de cinq ans au moins et de dix ans au plus.

121. Les paris qui auront été faits sur la hausse ou la baisse des effets publics seront punis des peines portées par l'article 419.

122. Sera réputée pari de ce genre toute convention de vendre ou de livrer des effets publics qui ne seront pas prouvés par le vendeur avoir existé à sa disposition au temps de la convention, ou avoir dû s'y trouver au temps de la livraison.

123. Quiconque aura trompé l'acheteur sur le titre des matières d'or ou d'argent, sur la qualité d'une pierre fausse vendue pour fine, sur la nature de toutes marchandises ; quiconque, par usage de faux poids ou de fausses mesures, aura trompé sur la quantité des choses vendues, sera puni de l'emprisonnement pendant trois mois au moins, un an au plus, et d'une amende qui ne pourra excéder le quart des restitutions et dommages-intérêts, ni être au-dessous de cinquante francs. — Les objets du délit, ou leur valeur, s'ils appartiennent encore au vendeur, seront confisqués : les faux poids et les fausses mesures seront aussi confisqués et de plus seront brisés.

124. Si le vendeur et l'acheteur se sont servis dans leurs marchés d'autres poids ou d'autres mesures que ceux qui ont été établis par les lois de l'État, l'acheteur sera privé de toute action contre le vendeur qui l'aura trompé par l'usage de poids ou de mesures prohibés ; sans préjudice de l'action publique pour la punition tant de cette fraude que de l'emploi même des poids et des mesures prohibés. — La peine, en cas de fraude, sera celle portée par l'article précédent. — La peine pour l'emploi des mesures et poids prohibés sera déterminée par le livre IV du présent Code, contenant les peines de simple police.

125. Toute édition d'écrits, de composition musicale, de dessin, de peinture ou de toute au-

<table>
<tr><td>ARRÊTS ET JURISPRUDENCE DE LA COUR
DE CASSATION.</td><td>ARRÊTS ET JURISPRUDENCE DE LA COUR IMPÉRIALE
DU RESSORT.</td></tr>
</table>

JUGEMENTS ET JURISPRUDENCE DU TRIBUNAL CIVIL DU RESSORT.

OBSERVATIONS DIVERSES.

tre production, imprimée ou gravée en entier ou en partie, au mépris des lois et règlements relatifs à la propriété des auteurs, est une contrefaçon, et toute contrefaçon est un délit.

426. Le débit d'ouvrages contrefaits, l'introduction sur le territoire français d'ouvrages qui, après avoir été imprimés en France, ont été contrefaits chez l'étranger, sont un délit de la même espèce.

427. La peine contre le contrefacteur ou contre l'introducteur sera une amende de cent francs au moins et de deux mille francs au plus; et contre le débitant, une amende de vingt-cinq francs au moins et de cinq cents francs au plus. — La confiscation de l'édition contrefaite sera prononcée tant contre le contrefacteur que contre l'introducteur et le débitant. — Les planches, moules ou matrices des objets contrefaits, seront aussi confisqués.

428. Tout directeur, tout entrepreneur de spectacle, toute association d'artistes, qui aura fait représenter sur son théâtre des ouvrages dramatiques au mépris des lois et règlements relatifs à la propriété des auteurs, sera puni d'une amende de cinquante francs au moins, de cinq cents francs au plus et de la confiscation des recettes.

429. Dans les cas prévus par les quatre articles précédents, le produit des confiscations, ou les recettes confisquées, seront remis au propriétaire, pour l'indemniser d'autant du préjudice qu'il aura souffert; le surplus de son indemnité, ou l'entière indemnité s'il n'y a eu ni vente d'objets confisqués, ni saisie de recettes, sera réglé par les voies ordinaires.

§ 6. — Délits des fournisseurs.

430. Tous individus chargés, comme membres de compagnie ou individuellement, de fournitures, d'entreprises ou régies pour le compte des armées de terre et de mer, qui, sans y avoir été contraints par une force majeure, auront fait manquer le service dont ils sont chargés, seront punis de la peine de la réclusion et d'une amende qui ne pourra excéder le quart des dommages-intérêts, ni être au-dessous de cinq cents francs; le tout sans préjudice de peines plus fortes en cas d'intelligence avec l'ennemi.

431. Lorsque la cessation du service proviendra du fait des agents des fournisseurs, les agents seront condamnés aux peines portées par le précédent article. — Les fournisseurs et leurs agents seront également condamnés, lorsque les uns et les autres auront participé au crime.

432. Si des fonctionnaires publics ou des agents, préposés ou salariés du Gouvernement, ont aidé les coupables à faire manquer le service, ils seront punis de la peine des travaux forcés à temps: sans préjudice de peines plus fortes en cas d'intelligence avec l'ennemi.

433. Quoique le service n'ait pas manqué, si, par négligence, les livraisons et les travaux ont été retardés, ou s'il y a eu fraude sur la nature, la qualité ou la quantité des travaux ou main-d'œuvre ou des choses fournies, les coupables seront punis d'un emprisonnement de six mois au moins et de cinq ans au plus, et d'une amende qui ne pourra excéder le quart des dommages-intérêts, ni être moindre de cent francs. — Dans les divers cas prévus par les articles composant le présent paragraphe, la poursuite ne pourra être faite que sur la dénonciation du Gouvernement.

SECT. III. — *Destructions, dégradations, dommages.*

434. « Quiconque aura volontairement mis le feu à des édifices, navires, bateaux, magasins, chantiers, quand ils sont habités ou servent à l'habitation, et généralement aux lieux habités ou servant à l'habitation, qu'ils appartiennent ou n'appartiennent pas à l'auteur du crime, sera puni de mort. — Sera puni de la même peine quiconque aura volontairement mis le feu à tout édifice servant à des réunions de citoyens. — Quiconque aura volontairement mis le feu à des édifices, navires, bateaux, magasins, chantiers, lorsqu'ils ne sont ni habités, ni servant à habitation, ou à des forêts, bois taillis ou récoltes sur pied, lorsque ces objets ne lui appartiennent pas, sera puni de la peine des travaux forcés à perpétuité. — Celui qui, en mettant le feu à l'un des objets énumérés dans le paragraphe précédent et à lui-même appartenant, aura volontairement causé un préjudice quelconque à autrui, sera puni des travaux forcés à temps. — Quiconque aura volontairement mis le feu à des bois ou récoltes abattus, soit que les bois soient en tas ou en cordes, et les récoltes en tas ou en meules, si ces objets ne lui appartiennent pas, sera puni des travaux forcés à temps. — Celui qui, en mettant le feu à l'un des objets énumérés dans le paragraphe précédent et à lui même appartenant, aura volontairement causé un préjudice quelconque à autrui, sera puni de la réclusion. — Celui qui aura communiqué l'incendie à l'un des objets énumérés dans les précédents paragraphes, en mettant volontairement le feu à des objets quelconques, appartenant soit à lui, soit à autrui, et placés de manière à communiquer ledit incendie, sera puni de la même peine que s'il y avait directement mis le feu à l'un desdits objets. — Dans tous les cas, si l'incendie a occasionné la mort d'une ou de plusieurs personnes se trouvant dans les lieux incendiés au moment où il a éclaté, la peine sera la mort. »

435. « La peine sera la même, d'après les distinctions faites en l'article précédent, contre ceux qui auront détruit, par l'effet d'une mine, des édifices, navires, navires, bateaux, magasins ou chantiers. »

436. La menace d'incendier une habitation ou toute autre propriété sera punie de la peine portée contre la menace d'assassinat, et d'après les distinctions établies par les articles 305, 306 et 307.

437. Quiconque aura volontairement détruit ou renversé, par quelque moyen que ce soit, en tout ou en partie, des édifices, des ponts, digues ou chaussées, ou autres constructions qu'il savait appartenir à autrui, sera puni de la réclusion, et d'une amende qui ne pourra excéder le quart des restitutions et indemnités, ni être au-dessous de cent francs. — S'il y a eu homicide ou blessures, le coupable sera, dans le premier cas, puni de mort, et, dans le second, puni de la peine des travaux forcés à temps.

438. Quiconque, par des voies de fait, se sera opposé à la confection des travaux autorisés par le Gouvernement, sera puni d'un emprisonnement de trois mois à deux ans, et d'une amende qui ne pourra excéder le quart des dommages-intérêts ni être au-dessous de seize francs. — Les moteurs subiront le *maximum* de la peine.

439. Quiconque aura volontairement brûlé ou détruit, d'une manière quelconque, des registres, minutes ou actes originaux de l'autorité publique, des titres, billets, lettres de change, effets de commerce ou de banque, contenant ou opérant obligation, disposition ou décharge, sera puni ainsi qu'il suit : — Si les pièces détruites sont des actes de l'autorité publique, ou des ef-

<table>
<tr><td>ARRÊTS ET JURISPRUDENCE DE LA COUR
DE CASSATION.</td><td>ARRÊTS ET JURISPRUDENCE DE LA COUR IMPÉRIALE
DU RESSORT.</td></tr>
</table>

JUGEMENTS ET JURISPRUDENCE DU TRIBUNAL CIVIL DU RESSORT.

OBSERVATIONS DIVERSES.

fets de commerce ou de banque, la peine sera la réclusion ; — S'il s'agit de toute autre pièce, le coupable sera puni d'un emprisonnement de deux à cinq ans, et d'une amende de cent francs à trois cents francs.

440. Tout pillage, tout dégât de denrées ou marchandises, effets, propriétés mobilières, commis en réunion ou bande et à force ouverte, sera puni des travaux forcés à temps ; chacun des coupables sera de plus condamné à une amende de deux cents francs à cinq mille francs.

441. Néanmoins ceux qui prouveront avoir été entraînés, par des provocations ou sollicitations, à prendre part à ces violences, pourront n'être punis que de la peine de la réclusion.

442. Si les denrées pillées ou détruites sont des graines, grenailles ou farines, substances farineuses, pain, vin, ou autre boisson, la peine que subiront les chefs, instigateurs ou provocateurs seulement, sera le *maximum* des travaux forcés à temps, et celui de l'amende prononcée par l'article 440.

443. Quiconque, à l'aide d'une liqueur corrosive ou par tout autre moyen, aura volontairement gâté des marchandises ou matières servant à la fabrication, sera puni d'un emprisonnement d'un mois à deux ans, et d'une amende qui ne pourra excéder le quart des dommages-intérêts, ni être moindre de seize francs. — Si le délit a été commis par un ouvrier de la fabrique ou par un commis de la maison de commerce, l'emprisonnement sera de deux à cinq ans, sans préjudice de l'amende, ainsi qu'il vient d'être dit.

444. Quiconque aura dévasté des récoltes sur pied ou des plants venus naturellement ou faits de main d'homme, sera puni d'un emprisonnement de deux ans au moins, de cinq ans au plus. — Les coupables pourront de plus être mis, par l'arrêt ou le jugement, sous la surveillance de la haute police pendant cinq ans au moins et dix ans au plus.

445. Quiconque aura abattu un ou plusieurs arbres qu'il savait appartenir à autrui sera puni d'un emprisonnement qui ne sera pas au-dessous de six jours ni au-dessus de six mois, à raison de chaque arbre, sans que la totalité puisse excéder cinq ans.

446. Les peines seront les mêmes à raison de chaque arbre mutilé, coupé ou écorcé de manière à le faire périr.

447. S'il y a eu destruction d'une ou de plusieurs greffes, l'emprisonnement sera de six jours à deux mois, à raison de chaque greffe, sans que la totalité puisse excéder deux ans.

448. Le *minimum* de la peine sera de vingt jours dans les cas prévus par les articles 445 et 446, et de dix jours dans le cas prévu par l'article 447, si les arbres étaient plantés sur les places, routes, chemins, rues ou voies publiques, ou vicinales ou de traverse.

449. Quiconque aura coupé des grains ou des fourrages, qu'il savait appartenir à autrui sera puni d'un emprisonnement qui ne sera pas au-dessous de six jours ni au-dessus de deux mois.

450. L'emprisonnement sera de vingt jours au moins et de quatre mois au plus, s'il a été coupé du grain en vert. — Dans les cas prévus par le présent article et les six précédents, si le fait a été commis en haine d'un fonctionnaire public et à raison de ses fonctions, le coupable sera puni du *maximum* de la peine établie par l'article auquel le cas se référera. — Il en sera de même, quoique cette circonstance n'existe point, si le fait a été commis pendant la nuit.

451. Toute rupture, toute destruction d'instruments d'agriculture, de parcs de bestiaux, de cabanes de gardiens, sera punie d'un emprisonnement d'un mois au moins, d'un an au plus.

452. Quiconque aura empoisonné des chevaux ou autres bêtes de voiture, de monture ou de charge, des bestiaux à cornes, des moutons, chèvres ou porcs, ou des poissons dans des étangs, viviers ou réservoirs, sera puni d'un emprisonnement d'un an à cinq ans, et d'une amende de seize francs à trois cents francs. Les coupables pourront être mis, par l'arrêt ou le jugement, sous la surveillance de la haute police pendant deux ans au moins et cinq ans au plus.

453. Ceux qui, sans nécessité, auront tué l'un des animaux mentionnés au précédent article, seront punis ainsi qu'il suit : — Si le délit a été commis dans les bâtiments, enclos et dépendances ou sur les terres dont le maître de l'animal tué était propriétaire, locataire, colon ou fermier, la peine sera un emprisonnement de deux mois à six mois ; — S'il a été commis dans les lieux dont le coupable était propriétaire, locataire, colon ou fermier, l'emprisonnement sera de six jours à un mois ; — S'il a été commis dans tout autre lieu, l'emprisonnement sera de quinze jours à six semaines. — Le *maximum* de la peine sera toujours prononcé en cas de violation de clôture.

454. Quiconque aura, sans nécessité, tué un animal domestique dans un lieu dont celui à qui cet animal appartient est propriétaire, locataire, colon ou fermier, sera puni d'un emprisonnement de six jours au moins et de six mois au plus. — S'il y a eu violation de clôture, le *maximum* de la peine sera prononcé.

455. Dans les cas prévus par les articles 444 et suivants jusqu'au précédent article inclusivement, il sera prononcé une amende qui ne pourra excéder le quart des restitutions et dommages-intérêts, ni être au-dessous de seize francs.

456. Quiconque aura, en tout ou en partie, comblé des fossés, détruit des clôtures, de quelques matériaux qu'elles soient faites, coupé ou arraché des haies vives ou sèches ; quiconque aura déplacé ou supprimé des bornes ou pieds-corniers, ou autres arbres plantés ou reconnus pour établir les limites entre différents héritages, sera puni d'un emprisonnement qui ne pourra être au-dessous d'un mois ni excéder une année, et d'une amende égale au quart des restitutions et des dommages-intérêts, qui, dans aucun cas, ne pourra être au-dessous de cinquante francs.

457. Seront punis d'une amende qui ne pourra excéder le quart des restitutions et des dommages-intérêts, ni être au-dessous de cinquante francs, les propriétaires ou fermiers, ou toute personne jouissant de moulins, usines ou étangs, qui, par l'élévation du déversoir de leurs eaux au-dessus de la hauteur déterminée par l'autorité compétente, auront inondé les chemins ou les propriétés d'autrui. — S'il est résulté du fait quelques dégradations, la peine sera, outre l'amende, un emprisonnement de six jours à un mois.

458. L'incendie des propriétés mobilières ou immobilières d'autrui, qui aura été causé par la vétusté ou le défaut, soit de réparation, soit de nettoyage des fours, cheminées, forges, maisons ou usines prochaines, ou par des feux allumés dans les champs à moins de cent mètres des maisons, édifices, forêts, bruyères, bois, vergers, plantations, haies, meules, tas de grains, pailles, foins, fourrages, ou tout autre dépôt de matières combustibles, ou par des feux ou lumières por-

ARRÊTS ET JURISPRUDENCE DE LA COUR
DE CASSATION.

ARRÊTS ET JURISPRUDENCE DE LA COUR IMPÉRIALE
DU RESSORT.

JUGEMENTS ET JURISPRUDENCE DU TRIBUNAL CIVIL DU RESSORT.

OBSERVATIONS DIVERSES.

tés ou laissés sans précaution suffisante, ou par des pièces d'artifice allumées ou tirées par négligence ou par imprudence, sera puni d'une amende de cinquante francs au moins et de cinq cents francs au plus.

459. Tout détenteur ou gardien d'animaux ou de bestiaux soupçonnés d'être infectés de maladie contagieuse, qui n'aura pas averti sur-le-champ le maire de la commune où ils se trouvent, et qui, même avant que le maire ait répondu à l'avertissement, ne les aura pas tenus renfermés, sera puni d'un emprisonnement de six jours à deux mois, et d'une amende de seize francs à deux cents francs.

460. Seront également punis d'un emprisonnement de deux mois à six mois, et d'une amende de cent francs à cinq cents francs, ceux qui, au mépris des défenses de l'administration, auront laissé leurs animaux ou bestiaux infectés communiquer avec d'autres.

461. Si, de la communication mentionnée au précédent article, il est résulté une contagion parmi les autres animaux, ceux qui auront contrevenu aux défenses de l'autorité administrative seront punis d'un emprisonnement de deux ans à cinq ans, et d'une amende de cent francs à mille francs ; le tout sans préjudice de l'exécution des lois et règlements relatifs aux maladies épizootiques, et de l'application des peines y portées.

462. Si les délits de police correctionnelle dont il est parlé au présent chapitre ont été commis par des gardes champêtres ou forestiers, ou des officiers de police, à quelque titre que ce soit, la peine d'emprisonnement sera d'un mois au moins, et d'un tiers au plus en sus de la peine la plus forte qui serait appliquée à un autre coupable du même délit.

DISPOSITIONS GÉNÉRALES.

463. « Les peines prononcées par la loi contre celui ou ceux des accusés reconnus coupables, en faveur de qui le jury aura déclaré des circonstances atténuantes, seront modifiées ainsi qu'il suit : — Si la peine prononcée par la loi est la mort, la cour appliquera la peine des travaux forcés à perpétuité ou celle des travaux forcés à temps. Néanmoins, s'il s'agit de crimes contre la sûreté extérieure ou intérieure de l'État, la cour appliquera la peine de la déportation ou celle de la détention ; mais dans les cas prévus par les articles 86, 96 et 97; elle appliquera la peine des travaux forcés à perpétuité, ou celle des travaux forcés à temps. — Si la peine est celle des travaux forcés à perpétuité, la cour appliquera la peine des travaux forcés à temps ou celle de la reclusion.—Si la peine est celle de la déportation, la cour appliquera la peine de la détention ou celle du bannissement.—Si la peine est celle des travaux forcés à temps, la cour appliquera la peine de la reclusion ou les dispositions de l'article 401, sans toutefois pouvoir réduire la durée de l'emprisonnement au-dessous de deux ans. — Si la peine est celle de la reclusion, de la détention, du bannissement ou de la dégradation civique, la cour appliquera les dispositions de l'article 401, sans toutefois pouvoir réduire la durée de l'emprisonnement au-dessous d'un an. — Dans les cas où le Code prononce le *maximum* d'une peine afflictive, s'il existe des circonstances atténuantes, la cour appliquera le *minimum* de la peine, ou même la peine inférieure.—Dans tous les cas où la peine de l'emprisonnement et celle de l'amende sont prononcées par le Code pénal, si les circonstances paraissent atténuantes, les tribunaux correctionnels sont autorisés, même en cas de récidive, à réduire l'emprisonnement même au-dessous de six jours, et l'amende même au-dessous de seize francs; ils pourront aussi prononcer séparément l'une ou l'autre de ces peines, et même substituer l'amende à l'emprisonnement, sans qu'en aucun cas elle puisse être au-dessous des peines de simple police. »

EXTRAITS DES CODES ANNOTÉS DE SIREY ET AUTRES AUTEURS.

ARRÊTS ET JURISPRUDENCE DE LA COUR DE CASSATION.	ARRÊTS ET JURISPRUDENCE DE LA COUR IMPÉRIALE DU RESSORT.

JUGEMENTS ET JURISPRUDENCE DU TRIBUNAL CIVIL DU RESSORT.

OBSERVATIONS DIVERSES.

LIVRE QUATRIÈME.

Contraventions de police et peines.

(Loi décrétée le 20 février 1819. Promulguée le 2 mars.)

CHAP. I. — DES PEINES.

464. Les peines de police sont : — L'emprisonnement, —L'amende, — Et la confiscation de certains objets saisis.

465. L'emprisonnement pour contravention de police ne pourra être moindre d'un jour, ni excéder cinq jours, selon les classes, distinctions et cas ci-après spécifiés.—Les jours d'emprisonnement sont des jours complets de vingt-quatre heures.

466. Les amendes pour contravention pourront être prononcées depuis un franc jusqu'à quinze francs inclusivement, selon les distinctions et classes ci-après spécifiées, et seront appliquées au profit de la commune où la contravention aura été commise.

467. La contrainte par corps a lieu pour le payement de l'amende. — Néanmoins, le condamné ne pourra être, pour cet objet, détenu plus de quinze jours, s'il justifie de son insolvabilité.

468. En cas d'insuffisance des biens, les restitutions et les indemnités dues à la partie lésée sont préférées à l'amende.

469. Les restitutions, indemnités et frais entraîneront la contrainte par corps, et le condamné gardera prison jusqu'à parfait payement : néanmoins, si ces condamnations sont prononcées au profit de l'Etat, les condamnés pourront jouir de la faculté accordée par l'article 467, dans le cas d'insolvabilité prévu par cet article.

470. Les tribunaux de police pourront aussi, dans les cas déterminés par la loi, prononcer la confiscation, soit des choses saisies en contravention, soit des matières ou des instruments qui ont servi ou étaient destinés à la commettre.

CHAP. II. — CONTRAVENTIONS ET PEINES.

SECT. I. — *Première classe.*

471. Seront punis d'amende, depuis un franc jusqu'à cinq francs inclusivement, —1° Ceux qui auront négligé d'entretenir, réparer ou nettoyer les fours, cheminées ou usines où l'on fait usage du feu ; — 2° Ceux qui auront violé la défense de tirer, en certains lieux, des pièces d'artifices ; — 3° Les aubergistes et autres qui, obligés à l'éclairage, l'auront négligé ; ceux qui auront négligé de nettoyer les rues ou passages, dans les communes où ce soin est laissé à la charge des habitants ; — 4° Ceux qui auront embarrassé la voie publique, en y déposant ou y laissant, sans nécessité, des matériaux ou des choses quelconques qui empêchent ou diminuent la liberté ou la sûreté du passage ; ceux qui, en contravention aux lois et règlements, auront négligé d'éclairer les matériaux par eux entreposés ou les excavations par eux faites dans les rues et places ; — 5° Ceux qui auront négligé ou refusé d'exécuter les règlements ou arrêtés concernant la petite voirie, ou d'obéir à la sommation émanée de l'autorité administrative, de réparer ou démolir les édifices menaçant ruines ; — 6° Ceux qui auront jeté ou exposé au-devant de leurs édifices des choses de nature à nuire par leur chute ou par des exhalaisons insalubres ; — 7° Ceux qui auront laissé dans les rues, chemins, places, lieux publics, ou dans les champs, des coutres de charrue, pinces, barres, barreaux, ou autres machines, ou instruments, ou armes, dont puissent abuser les voleurs et autres malfaiteurs ; — 8° Ceux qui auront négligé d'écheniller dans les campagnes ou jardins, où ce soin est prescrit par la loi ou les règlements ; — 9° Ceux qui, sans autre circonstance prévue par les lois, auront cueilli ou mangé, sur le lieu même, des fruits appartenant à autrui ;—10° Ceux qui, sans autre circonstance, auront glané, râtelé ou grappillé dans les champs non encore entièrement dépouillés et vidés de leurs récoltes, ou avant le moment du lever ou après celui du coucher du soleil ; — 11° Ceux qui, sans avoir été provoqués, auront proféré contre quelqu'un des injures, autres que celles prévues depuis l'article 367 jusques et y compris l'article 378 ; — 12° Ceux qui imprudemment auront jetés des immondices sur quelque personne ; — 13° Ceux qui, n'étant ni propriétaires, ni usufruitiers, ni locataires, ni fermiers, ni jouissant d'un terrain ou d'un droit de passage, ou qui n'étant agents ni préposés d'aucune de ces personnes, seront entrés et auront passé sur ce terrain, ou sur partie de ce terrain, s'il est préparé ou ensemencé ;— 14° Ceux qui auront laissé passer leurs bestiaux ou leurs bêtes de trait, de charge ou de monture, sur le terrain d'autrui, avant l'enlèvement de la récolte ; — « Ceux qui auront contrevenu aux règlements légalement faits par l'autorité administrative, et ceux qui ne se seront pas conformés aux règlements ou arrêtés publiés par l'autorité municipale, en vertu des articles 3 et 4, titre XI, de la loi du 16-24 août 1790, et de l'article 46, titre I, de la loi du 19-22 juillet 1791. »

472. Seront en outre confisqués, les pièces d'artifices saisies dans le cas du n° 2 de l'article 471, les coutres, les instruments et les armes mentionnés dans le n° 7 du même article.

473. La peine d'emprisonnement, pendant trois jours au plus, pourra de plus être prononcée, selon les circonstances, contre ceux qui auront tiré des pièces d'artifice, contre ceux qui auront glané, râtelé ou grapillé en contravention au n° 10 de l'article 471.

ARRÊTS ET JURISPRUDENCE DE LA COUR DE CASSATION.	ARRÊTS ET JURISPRUDENCE DE LA COUR IMPÉRIALE DU RESSORT.

JUGEMENTS ET JURISPRUDENCE DU TRIBUNAL CIVIL DU RESSORT.

OBSERVATIONS DIVERSES.

474. La peine d'emprisonnement contre toutes les personnes mentionnées en l'article 471 aura toujours lieu, en cas de récidive, pendant trois jours au plus.

SECT. II. — Deuxième classe.

475. Seront punis d'amende, depuis six francs jusqu'à dix francs inclusivement, — 1° Ceux qui auront contrevenu aux bans de vendanges ou autres bans autorisés par les règlements; — 2° Les aubergistes, hôteliers, logeurs ou loueurs de maisons garnies, qui auront négligé d'inscrire de suite et sans aucun blanc, sur un registre tenu régulièrement, les noms, qualités, domicile habituel, dates d'entrée et de sortie de toute personne qui aurait couché ou passé une nuit dans leurs maisons; ceux d'entre eux qui auraient manqué à représenter ce registre aux époques déterminées par les règlements, ou lorsqu'ils en auraient été requis, aux maires, adjoints, officiers ou commissaires de police, ou aux citoyens commis à cet effet : le tout sans préjudice des cas de responsabilité mentionnés en l'article 73 du présent Code, relativement aux crimes ou aux délits de ceux qui, ayant logé ou séjourné chez eux, n'auraient pas été régulièrement inscrits; — 3° Les rouliers, charretiers, conducteurs de voitures quelconques ou de bêtes de charge, qui auraient contrevenu aux règlements par lesquels ils sont obligés de se tenir constamment à portée de leurs chevaux, bêtes de trait ou de charge et de leurs voitures, et en état de les guider et conduire : d'occuper un seul côté des rues, chemins ou voies publiques; de se détourner ou ranger devant toutes autres voitures, et, à leur approche, de leur laisser libre au moins la moitié des rues, chaussées, routes et chemins; — 4° Ceux qui auront fait ou laissé courir les chevaux, bêtes de trait, de charge ou de monture, dans l'intérieur d'un lieu habité, ou violé les règlements contre le chargement, la rapidité ou la mauvaise direction des voitures; — « Ceux qui contreviendront aux dispositions des ordonnances et règlements ayant pour objet : — La solidité des voitures publiques; — Leur poids; — Le mode de leur chargement; — Le nombre et la sûreté des voyageurs; — L'indication, dans l'intérieur des voitures, des places qu'elles contiennent et du prix des places; — L'indication, à l'extérieur, du nom du propriétaire; » — 5° Ceux qui auront établi ou tenu dans les rues, chemins, places ou lieux publics, des jeux de loterie ou d'autres jeux de hasard; — 6° Ceux qui auront vendu ou débité des boissons falsifiées; sans préjudice des peines plus sévères qui seront prononcées par les tribunaux de police correctionnelle, dans le cas où elles contiendraient des mixtions nuisibles à la santé; — 7° Ceux qui auraient laissé divaguer des fous ou des furieux étant sous leur garde, ou des animaux malfaisants ou féroces; ceux qui auront excité ou n'auront pas retenu leurs chiens, lorsqu'ils attaquent ou poursuivent les passants, quand même il n'en serait résulté aucun mal ni dommage; — 8° Ceux qui auraient jeté des pierres ou d'autres corps durs ou des immondices contre les maisons, édifices et clôtures d'autrui, ou dans les jardins ou enclos, et ceux aussi qui auraient volontairement jeté des corps durs ou des immondices sur quelqu'un; — 9° Ceux qui, n'étant propriétaires, usufruitiers, ni jouissant d'un terrain ou d'un droit de passage, y sont entrés et y ont passé dans le temps où ce terrain était chargé de grains en tuyau, de raisins ou autres fruits mûrs ou voisins de la maturité; — 10° Ceux qui auraient fait ou laissé passer des bestiaux, animaux de trait, de charge ou de monture, sur le terrain d'autrui, ensemencé ou chargé d'une récolte, en quelque saison que ce soit, ou dans un bois taillis appartenant à autrui; — 11° Ceux qui auraient refusé de recevoir les espèces et monnaies nationales, non fausses ni altérées, selon la valeur pour laquelle elles ont cours; — 12° Ceux qui, le pouvant, auront refusé ou négligé de faire les travaux, le service, ou de prêter le secours dont ils auront été requis, dans les circonstances d'accidents, tumulte, naufrage, inondation, incendie ou autres calamités, ainsi que dans les cas de brigandages, pillages, flagrant délit, clameur publique ou d'exécution judiciaire; — 13° Les personnes désignées aux articles 284 et 288 du présent Code; — 14° « Ceux qui exposent en vente des comestibles gâtés, corrompus ou nuisibles; — 15° Ceux qui déroberont, sans aucune des circonstances prévues en l'article 388, des récoltes ou autres productions utiles de la terre, qui, avant d'être soustraites, n'étaient pas encore détachées du sol. »

476. « Pourra, suivant les circonstances, être prononcé, outre l'amende portée en l'article précédent, l'emprisonnement pendant trois jours au plus, contre les rouliers, charretiers, voituriers et conducteurs en contravention; contre ceux qui auront contrevenu aux règlements ayant pour objet, soit la rapidité, la mauvaise direction ou le chargement des voitures ou des animaux, soit la solidité des voitures publiques, leur poids, le mode de leur chargement, le nombre et la sûreté des voyageurs; contre les vendeurs et débitants de boissons falsifiées; contre ceux qui auraient jeté des corps durs ou des immondices. »

477. Seront saisis et confisqués, 1° les tables, instruments, appareils des jeux ou des loteries établis dans les rues, chemins et voies publiques, ainsi que les enjeux, les fonds, denrées, objets ou lots proposés aux joueurs, dans le cas de l'article 476; 2° les boissons falsifiées, trouvées appartenir au vendeur et débitant : ces boissons seront répandues; 3° les écrits ou gravures contraires aux mœurs : ces objets seront mis sous le pilon; « 4° les comestibles gâtés, corrompus ou nuisibles : ces comestibles seront détruits. »

478. La peine de l'emprisonnement pendant cinq jours au plus sera toujours prononcée, en cas de récidive, contre toutes les personnes mentionnées dans l'article 475. — « Les individus mentionnés au n° 5 du même article, qui seraient repris pour le même fait en état de récidive, seront traduits devant le tribunal de police correctionnelle et punis d'un emprisonnement de six jours à un mois, et d'une amende de seize francs à deux cents francs. »

SECT. III. — Troisième classe.

479. Seront punis d'une amende de onze à quinze francs inclusivement : — 1° Ceux qui, hors les cas prévus depuis l'article 434 jusques et compris l'article 462, auront volontairement causé du dommage aux propriétés mobilières d'autrui; — 2° Ceux qui auront occasionné la mort ou la blessure des animaux ou bestiaux appartenant à autrui, par l'effet de la divagation des fous ou furieux, ou d'animaux malfaisants ou féroces, ou par la rapidité ou la mauvaise direction ou le chargement excessif des voitures, chevaux, bêtes de trait, de charge ou de monture; — 3° Ceux qui auront occasionné les mêmes dommages par l'emploi ou l'usage d'armes sans précaution ou avec maladresse, ou par jet de pierres ou d'autres corps durs; — 4° Ceux qui auront causé les mêmes accidents par la vétusté, la dégradation, le défaut de réparation ou d'entretien des maisons ou édifices, ou par l'encombrement ou l'excavation, ou telles autres œuvres

ARRÊTS ET JURISPRUDENCE DE LA COUR DE CASSATION.	ARRÊTS ET JURISPRUDENCE DE LA COUR IMPÉRIALE DU RESSORT.

JUGEMENTS ET JURISPRUDENCE DU TRIBUNAL CIVIL DU RESSORT.

OBSERVATIONS DIVERSES.

dans ou près les rues, chemins, places ou voies publiques, sans les précautions ou signaux ordonnés ou d'usage ; — 5° Ceux qui auront de faux poids ou de fausses mesures dans leurs magasins, boutiques, ateliers ou maisons de commerce, ou dans les halles, foires ou marchés, sans préjudice des peines qui seront prononcées par les tribunaux de police correctionnelle contre ceux qui auraient fait usage de ces faux poids ou de ces fausses mesures ; — 6° Ceux qui emploieront des poids ou des mesures différents de ceux qui sont établis par les lois en vigueur ; — « Les boulangers et bouchers qui vendront le pain ou la viande au delà du prix fixé par la taxe légalement faite et publiée ; » — 7° Les gens qui font métier de deviner et pronostiquer, ou d'expliquer les songes ; — 8° Les auteurs ou complices de bruits ou tapages injurieux ou nocturnes, troublant la tranquillité des habitants ; — « 9° Ceux qui auront méchamment enlevé ou déchiré les affiches apposées par ordre de l'administration ; — 10° Ceux qui mèneront sur le terrain d'autrui des bestiaux, de quelque nature qu'ils soient, et notamment dans les prairies artificielles, dans les vignes, oseraies, dans les plants de câpriers, dans ceux d'oliviers, de mûriers, de grenadiers, d'orangers et d'arbres du même genre, dans tous les plants ou pépinières d'arbres fruitiers ou autres, faits de main d'homme ; — 11° Ceux qui auront dégradé ou détérioré, de quelque manière que ce soit, les chemins publics, ou usurpé sur leur largeur ; — 12° Ceux qui, sans y être dûment autorisés, auront enlevé des chemins publics les gazons, terres ou pierres, ou qui, dans les lieux appartenant aux communes, auraient enlevé les terres ou matériaux, à moins qu'il n'existe un usage général qui l'autorise. »

480. Pourra, selon les circonstances, être prononcée la peine d'emprisonnement pendant cinq jours au plus : — 1° Contre ceux qui auront occasionné la mort ou la blessure des animaux ou bestiaux appartenant à autrui, dans les cas prévus par le n° 3 du précédent article ; 2° contre les possesseurs de faux poids et de fausses mesures ; 3° contre ceux qui emploient des poids ou des mesures différents de ceux que la loi en vigueur a établis ; « Contre les boulangers et bouchers, dans les cas prévus par le paragraphe 6 de l'article précédent ; » 4° contre les interprètes de songes ; 5° contre les auteurs ou complices de bruits ou tapages injurieux ou nocturnes.

481. Seront, de plus, saisis et confisqués, 1° les faux poids, les fausses mesures, ainsi que les poids et mesures différents de ceux que la loi a établis ; 2° les instruments, ustensiles et costumes servant ou destinés à l'exercice du métier de devin, pronostiqueur, ou interprète de songes.

482. La peine d'emprisonnement pendant cinq jours aura toujours lieu, pour récidive, contre les personnes et dans les cas mentionnés en l'article 479.

DISPOSITION COMMUNE AUX TROIS SECTIONS CI-DESSUS.

483. Il y a récidive dans tous les cas prévus par le présent livre, lorsqu'il a été rendu contre le contrevenant, dans les douze mois précédents, un premier jugement pour contravention de police commise dans le ressort du même tribunal. — « L'article 463 du présent Code sera applicable à toutes les contraventions ci-dessus indiquées. »

DISPOSITION GÉNÉRALE.

484. Dans toutes les matières qui n'ont pas été réglées par le présent Code et qui sont régies par des lois et règlements particuliers, les cours et les tribunaux continueront de les observer.

EXTRAITS DES CODES ANNOTÉS DE SIREY ET AUTRES AUTEURS.

ARRÊTS ET JURISPRUDENCE DE LA COUR DE CASSATION.	ARRÊTS ET JURISPRUDENCE DE LA COUR IMPÉRIALE DU RESSORT.

JUGEMENTS ET JURISPRUDENCE DU TRIBUNAL CIVIL DU RESSORT.

OBSERVATIONS DIVERSES.

Paris, Imp. Paul Dupont.